SCIENCES ÉCONOMIQUES
Exercices

Secondaire II et formation continue

Marcel Bühler

En complément du manuel
Sciences économiques
Secondaire II et formation continue
par Aymo Brunetti

EPFL PRESS

Édition 2020

Version originale:
Volkswirtschaftslehre
Übungsbuch
zu Volkswirtschaftslehre: Lehrmittel für die Sekundarstufe II
und die Weiterbildung von Aymo Brunetti

ISBN Print: 978-3-0355-1118-5

Bibliografische Information der Deutschen Nationalbibliothek:
Die Deutsche Nationalbibliothek verzeichnet diese Publikation
in der Deutschen Nationalbibliografie; detaillierte bibliografische
Daten sind im Internet unter http://dnb.dnb.de abrufbar.

4. Auflage 2018
Alle Rechte vorbehalten
© 2018 hep verlag ag, Bern

www.hep-verlag.ch

Traduction française: Marie Villeval

Matériel pédagogique complémentaire sur:
www.manueleco.ch

EPFL PRESS est un label des Presses polytechniques et universitaires romandes (PPUR),
qui publient principalement les travaux d'enseignement et de recherche
de l'École polytechnique fédérale de Lausanne (EPFL) des universités et
des hautes écoles francophones.
PPUR, EPFL – Rolex Learning Center, CP 119, CH-1015 Lausanne,
info@epflpress.org, tél.: +41 21 693 21 30, fax: +41 21 693 40 27.

www.epflpress.org

Première édition française
ISBN 978-2-88915-354-1
© EPFL Press/Presses polytechniques et universitaires romandes, 2020
CH-1015 Lausanne

Version électronique (PDF)
ISBN 978-2-88914-558-4

Imprimé en Suisse

Préface

Ce livre d'exercices complète le manuel *Sciences économiques : Secondaire II et formation continue* d'Aymo Brunetti. Cette quatrième édition du livre d'exercices a été mise à jour et révisée en 2018. Les exercices relatifs à la balance des paiements, entre autres, ont été adaptés à la nouvelle terminologie.

Les chapitres sont construits de la manière suivante :

A   Exercices
Ce livre d'exercices compte un large éventail d'exercices couvrant la matière étudiée dans le manuel théorique et sont adaptés au niveau du degré secondaire II (écoles profession-nelles ou gymnases) et, dans le cadre de la formation continue, des examens profession-nels fédéraux. À travers des articles de presse (spécialisés ou non) qui sont couplés à des exercices d'application, l'apprenant est confronté à des sujets économiques d'actualité.

B   Notions
Cette partie reprend les notions importantes introduites dans le chapitre correspondant.

C   Approfondissement des connaissances
La plupart des chapitres contiennent des exercices concrets, permettant aux apprenants de plancher sur les contenus du matériel pédagogique. Ces exercices (ou les thématiques correspondantes) sont issus du manuel d'Aymo Brunetti et Thilo Grosser intitulé *Volks-swirtschaftslehre – Eine Einführung für Deutschland* (non traduit en français).

D   Liens vers iconomix.ch
Des possibilités d'application et d'approfondissement des notions abordées sont proposées dans chaque chapitre à partir du chapitre 2 avec des liens vers le service pédagogique gra-tuit iconomix.ch, site conçu à l'initiative de la Banque nationale suisse (BNS).

Un nouveau chapitre intitulé «**Exercices généraux**» à la fin du livre propose des exercices reprenant toutes les thématiques abordées dans le manuel pédagogique.

Ce matériel pédagogique a pour vocation d'éveiller l'intérêt des apprenants pour les concepts économiques. Je suis particulièrement reconnaissant à Aymo Brunetti, qui m'a permis de contribuer à la réalisation de cet objectif. Le projet a été très enrichissant pour moi et ce fut un réel plaisir de collaborer avec lui. Je remercie également Manuel Schär et Lukas Meier de la maison d'édition hep qui ont fait preuve d'engagement et usé de leurs compétences pour mener à bien ce projet.

Les solutions des exercices **A** et des notions à classer **B** sont disponibles dans un recueil de solutions.

Avril 2018
Marcel Bühler

iconomix.ch

Iconomix est une offre de formation créé par la Banque nationale suisse (BNS). Celle-ci propose du matériel pédagogique téléchargeable et commandable gratuitement pour les cours d'économie.

Le site a été lancé en 2007 et s'adresse aux enseignants des matières économiques et sociétales du degré secondaire II (écoles professionnelles).

Iconomix vise à compléter le contenu des manuels d'économie existants et à aider les enseignants à la réalisation des objectifs des programmes scolaires qui doivent encourager la réflexion économique tout en apportant les compétences adéquates.

De nombreuses unités d'enseignement très diversifiées sur le plan thématique sont disponibles. Pour chaque unité d'enseignement, iconomix propose des liens vers des ressources externes telles que des sites internet, des vidéos, des applications, des infographies, des articles, etc. – une banque de ressources de grande qualité, constamment réactualisée pour l'enseignement de l'économie.

Table des matières

De quoi traitent les sciences économiques?

A   Exercices

1   Facteurs macroéconomiques

Citez cinq paramètres macroéconomiques fondamentaux permettant d'évaluer une situation économique et décrivez celle-ci en utilisant des mots-clés.

1.

2.

3.

4.

5.

2   Évolution du PIB

À l'aide de mots-clés, décrivez les trois phases du développement économique suisse entre 1900 et aujourd'hui.

3   Chômage

Où se situe le taux de chômage suisse à l'échelle internationale?

4 Chômage

Comment le chômage a-t-il évolué en Suisse au cours des 40 dernières années? Pourquoi la population suisse était-elle inquiète de l'évolution du chômage dans les années 1990?

5 Inflation

En vous basant sur la figure 1.5 du manuel, comparez l'évolution du taux d'inflation des États-Unis et de la Suisse. Décrivez les différences les plus frappantes.

6 Dette publique

Expliquez en quoi le niveau de la dette publique permet de mesurer la durabilité du financement public.

7 Dette publique

Comparez la dette publique de la Suisse à l'échelle internationale.

8   Inflation, durabilité, PIB

Pour chaque affirmation, cochez la notion correspondante.

	Inflation	Durabilité	Produit intérieur brut
La valeur de production de tous les produits et de tous les services est recueillie.	☐	☐	☐
Un bien peut perdre de sa valeur si les prix augmentent continuellement.	☐	☐	☐
Une dette qui augmente continuellement révèle qu'un État est dans l'incapacité de financer ses dépenses avec ses recettes.	☐	☐	☐

9   Dette publique, PIB

Cochez les affirmations correctes et corrigez celles qui sont erronées.

Vrai	Faux	Affirmation	Correction
☐	☐	Quand les recettes d'un État augmentent plus que ses dépenses, cela entraîne un déficit budgétaire.	
☐	☐	Le PIB par habitant corrigé du pouvoir d'achat est calculé en fonction des différences entre les niveaux de prix des pays analogues.	
☐	☐	Le taux d'endettement de la Suisse a augmenté au cours des vingt dernières années, mais reste au-dessus de la moyenne par rapport à la plupart des autres pays européens.	
☐	☐	Le PIB réel par pays permet de mesurer la prospérité d'un pays.	

10   De quoi traitent les sciences économiques?

Les sciences économiques traitent de trois points fondamentaux:
1. Les décisions des individus
2. Les interactions des individus sur les marchés
3. L'économie dans sa globalité

Pour chaque affirmation, cochez le point correspondant.

Affirmations	1.	2.	3.
Le chômage a de nouveau baissé au cours du mois de février.	☐	☐	☐
Cette année, les consommateurs dépensent nettement plus en cadeaux de Noël que l'année dernière.	☐	☐	☐
Sur les plateformes de négoce électroniques, même les produits «exotiques» trouvent généralement preneur rapidement.	☐	☐	☐
Comme les prix de l'essence augmentent, je me demande si je ne ferais pas mieux de prendre le train pour me rendre au travail.	☐	☐	☐
Les offres d'emploi dans les journaux sont intéressantes: la plupart des personnes trouvent un emploi par ce biais.	☐	☐	☐
La microéconomie s'intéresse aux décisions individuelles prises par les acteurs économiques. Elle étudie également la manière dont les décisions des offreurs et des demandeurs s'accordent.	☐	☐	☐
Le revenu moyen en Suisse est nettement supérieur à celui de n'importe quel pays africain.	☐	☐	☐
L'offreur de produits engage ses moyens là où il peut réaliser des bénéfices.	☐	☐	☐
La macroéconomie étudie entre autres la manière dont une économie peut croître.	☐	☐	☐

11   Question fondamentale sur les sciences économiques

Répondez à la question fondamentale: de quoi traitent les sciences économiques?

_____

_____

_____

_____

_____

_____

_____

B Notions

Associez les notions suivantes à leur définition:

Lettre	Notion		
	Produit intérieur brut		Valeur de mesure pour la prospérité
	Déficit budgétaire		Valeur de mesure pour le chômage
	Stabilité des prix		Valeur de mesure pour la durabilité du financement public
	Inflation		Croissance tendancielle
	Correction du pouvoir d'achat		Prospérité

A Hausse du niveau des prix d'une économie qui entraîne une baisse du pouvoir d'achat de la monnaie (dépréciation monétaire).

B Pourcentage de personnes sans emploi mais souhaitant travailler dans la population active totale.

C Le PIB réel par habitant prend en compte les différents niveaux des prix des pays.

D Les dépenses de l'État sont supérieures à ses recettes sur une période budgétaire. Les carences doivent être comblées par la dette.

E Sur une période de plusieurs mois, le niveau des prix reste inchangé ou ne varie que très peu.

F Produit intérieur brut réel, c'est-à-dire corrigé de l'inflation, par habitant.

G Richesse d'une économie. Décrit le niveau de vie matériel et social d'une économie.

H Stock total de la dette publique en pourcentage du PIB annuel.

I Valeur de tous les biens et services produits dans une économie au cours d'une année.

J Hausse constante et durable du produit intérieur brut.

Décisions individuelles, marché et économie globale

A   Exercices

1   Incitations et coûts d'opportunité

Supposons que vous choisissiez de suivre un cours d'anglais samedi matin et que celui-ci aboutisse à un diplôme de langues reconnu à l'international. Ce cours d'anglais coûte 690 CHF.

a)   Décrivez les coûts d'opportunité liés à cette activité.

b)   Décrivez l'incitation économique de votre participation à ce cours d'anglais.

2   Coûts d'opportunité

Ce soir, vous retrouvez des amis au bord du lac. Chacun apporte de la viande pour le barbecue et de quoi boire. Enfin une soirée agréable entre amis sans avoir à payer d'entrée !

Quels sont les coûts d'opportunité de cette soirée sans entrée à payer ?

3 Besoins

Si les salaires augmentent, les besoins changent. Citez quatre catégories de besoins de la pyramide de Maslow et donnez un exemple pour chacune d'entres elles.

_____

_____

_____

_____

_____

4 Demande

Citez trois paramètres différents qui peuvent avoir une incidence sur la demande de voyages de vacances en Égypte.

_____

_____

_____

_____

_____

5 Demande

Comment la courbe de la demande se déplace-t-elle en fonction des exemples suivants? Cochez la bonne réponse.

Déplacement de la courbe de la demande	vers la gauche	pas de déplacement	vers la droite
Courbe de la demande de crème solaire			
Quand l'été est particulièrement chaud	☐	☐	☐
Quand le prix de la crème solaire augmente	☐	☐	☐
Quand le prix de l'huile solaire augmente	☐	☐	☐
Courbe de la demande pour l'abonnement général aux CFF			
Quand le prix de l'essence diminue de moitié	☐	☐	☐
Quand le prix de l'abonnement général augmente	☐	☐	☐
Quand les taxes appliquées aux véhicules motorisés augmentent fortement en réponse au réchauffement climatique	☐	☐	☐

6   Offre

À l'aide de mots-clés, donnez deux raisons différentes pour lesquelles les offreurs ont tendance à augmenter la quantité offerte quand les prix augmentent.

_____

_____

_____

_____

7   Le marché du tabac

Les producteurs de tabac sont très inquiets. Le mois de juillet 2018 fut trop sec et trop chaud, puis le mois d'août a été trop froid et trop humide. Les quantités de tabac récoltées, qui ont atteint 150 tonnes en 2017, ont chuté de 40 % en 2018.

Construisez ci-dessous un graphique représentant l'exemple du marché mentionné ci-dessus et tracez les axes et les droites avec exactitude. Décrivez les conséquences que vous avez tirées de l'analyse de votre graphique.

Graphique prix-quantités :

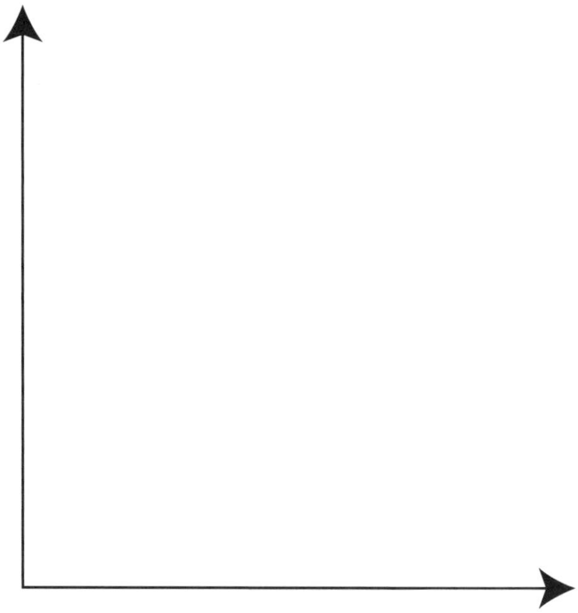

Conséquences :

_____

_____

_____

8   Courbe de l'offre

La courbe de l'offre peut se déplacer vers la droite. Décrivez deux possibilités fondamentalement différentes qui pourraient mener à un déplacement de la courbe de l'offre vers la droite pour le marché régional des véhicules ferroviaires.

1.

2.

9   Le marché

Répondez par vrai ou faux pour chacune des affirmations suivantes et corrigez celles qui sont erronées.

Vrai	Faux	Affirmation	Correction
☐	☐	La courbe de la demande de lecteurs DVD se déplace vers la gauche quand le prix des films en DVD diminue de moitié.	
☐	☐	La courbe de l'offre de voitures se déplace vers la droite quand les prix de l'acier chutent.	
☐	☐	Grâce à l'automatisation dans le secteur de la fabrication de voitures, on économise de la main-d'œuvre. Cela n'a néanmoins aucune conséquence sur la courbe de l'offre de voitures.	
☐	☐	Lorsque les prix sont plus bas, les consommateurs achètent plus de produits, ce qui entraîne un déplacement de la courbe de la demande vers la gauche.	

10 Marché des DVD

La demande de DVD est fortement dépendante du prix. Les fabricants ont beaucoup investi dans leurs usines et dépendent de leur bon fonctionnement pour vendre leur produits de manière continue. Ils ne sont pas en mesure de simplement fabriquer d'autres produits électroniques sur le court ou moyen terme.

a) Construisez un graphique prix-quantité pour le marché des DVD. Tracez d'abord les axes et construisez le graphique de manière à ce qu'il exprime clairement la description mentionnée ci-dessus.

Marché des DVD :

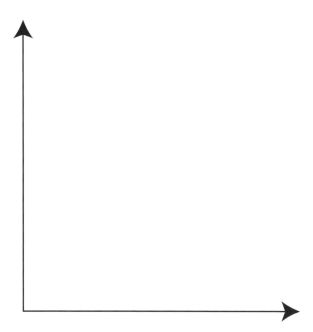

b) Avec l'arrivée de services de streaming tels que Netflix, de nombreux films en ligne sont apparus sur le marché. Dans le graphique ci-dessus, indiquez dans une autre couleur les conséquences pour le marché des DVD.

11 Concurrence parfaite

a) Dans notre modèle de marché, il existe un prix d'équilibre. Décrivez à l'aide de mots-clés la propriété principale de ce prix.

_____

_____

_____

_____

b) Grâce à une stratégie publicitaire sensationnelle et malgré un prix nettement plus élevé, le produit X sera souvent acheté avant tous les autres produits concurrents présentant les mêmes caractéristiques. Les caractéristiques du produit seront mises en avant dans la publicité comme étant particulièrement uniques, ce qui ne reflète pas la réalité. Le fonctionnement du mécanisme des prix sur ce marché est donc limité. Quelles sont les conditions de la concurrence parfaite qui ne sont plus totalement remplies dans cet exemple? Quelles en sont les conséquences?

12   Autres marchés

Construisez un graphique de marché différent pour chaque situation de marché définie ci-après.

Tracez les axes correctement, incorporez les droites correspondantes et nommez-les. À l'aide de mots-clés, décrivez les conséquences que vous pouvez tirer de votre graphique. Construisez ensuite les graphiques représentant les marchés des exercices b) à d).

a) Les ménages décident d'économiser plus d'argent.

Marché de l'épargne

Conséquences:

b)   La peur d'une nouvelle flambée des prix du pétrole brut se propage dans toute l'Europe, à tel point que beaucoup d'Européens remplissent leurs cuve de mazout dès l'automne. De manière générale, une hausse des prix du pétrole brut entraîne une hausse des prix du mazout.

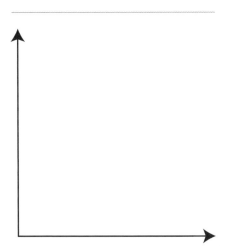

Conséquences :

_____
_____
_____
_____
_____
_____
_____

c)   De plus en plus de femmes au foyer décident d'exercer une activité rémunérée.

Conséquences :

_____
_____
_____
_____
_____
_____
_____

d) L'été caniculaire de l'année précédente a entraîné un effondrement spectaculaire de la production européenne de blé.

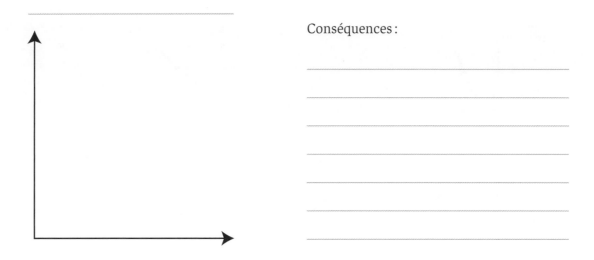

Conséquences:

_____

_____

_____

_____

_____

_____

_____

13   Équilibre du marché

Pour cet exemple, nous analysons le marché de la farine blanche. Faites ressortir sur le graphique une situation d'excédent d'offre pour ce marché. Puis, indiquez le point d'équilibre du marché et décrivez la manière dont ce point d'équilibre s'adapte sur le marché libre.

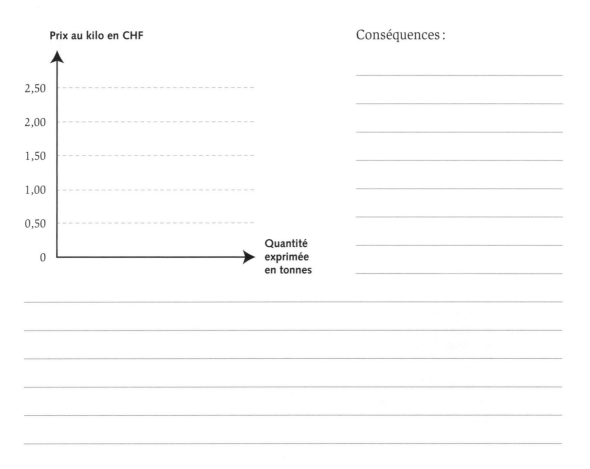

Conséquences:

_____

_____

_____

_____

_____

_____

_____

_____

_____

_____

_____

14 Élasticité

a) Reportez les lettres des graphiques correspondants dans le tableau ci-dessous et cochez la bonne réponse pour chaque élément cité dans la colonne de gauche.

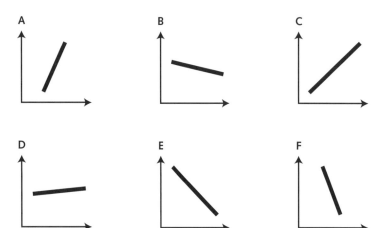

	Graphique correspondant (A à F)	Quand le prix varie, la quantité réagit:		
		plutôt plus fortement	plutôt plus faiblement	plutôt de la même manière
Demande inélastique		☐	☐	☐
Élasticité proportionnelle		☐	☐	☐
Demande élastique		☐	☐	☐
Offre élastique		☐	☐	☐
Offre inélastique		☐	☐	☐

b) Pour chaque niveau d'élasticité de la demande à la variation du prix, citez deux biens de consommation correspondants:

Élasticité de la demande à la variation des prix	Deux biens de consommation correspondants
Forte élasticité	
Faible élasticité	

15   Élasticité

a)   Les promotions sur le prix du sel ne sont absolument pas rentables. Justifiez cette affirmation en vous basant sur l'élasticité de la demande à la variation du prix pour le sel.

b)   Expliquez pourquoi la demande de services médicaux est inélastique à la variation du prix.

16   Circuit économique

Dans le circuit économique, le facteur de production «capital» intervient sur le marché des capitaux.

a)   Citez un autre facteur de production du circuit économique.

b)   Complétez le schéma du marché des capitaux ci-dessous en inscrivant les acteurs correspondants dans les encadrés. Pour chaque flèche, notez le flux monétaire ou de marchandises correspondant.

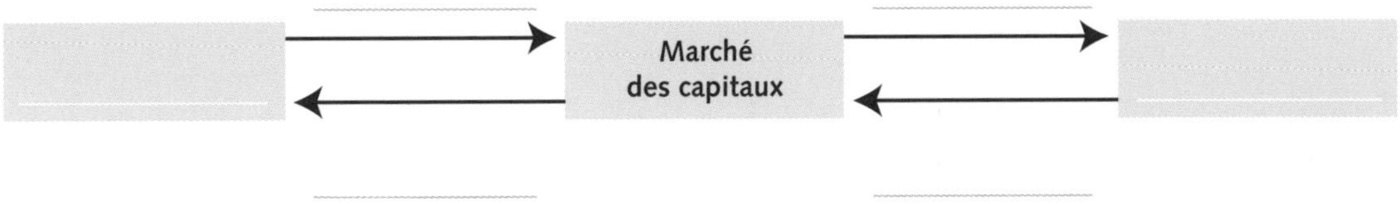

| | → | Marché des capitaux | → | |
| | ← | | ← | |

17   Circuit économique élargi

Citez les acteurs économiques correspondants en les inscrivant dans les encadrés vides et décrivez les flux monétaires représentés par les flèches.

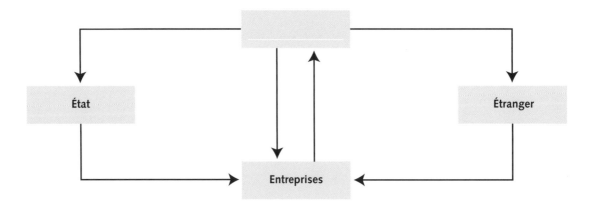

18   Circuit économique dans le quotidien

À chaque fin de mois, Franz Derungs reçoit sa rente AVS sur son compte postal (**1**). Or ce mois-ci, il ne lui reste pas beaucoup d'argent car il doit payer ses impôts (**2**). L'intérêt hypothécaire pour sa maison est prélevé sur son compte en banque (**3**). Malgré tout, grâce à l'argent liquide qu'il a retiré au distributeur, il peut s'offrir un bon dîner (**4**). Samedi, il se rend à Pontarlier (France) et s'achète un ordinateur portable à bas prix (**5**).

Exercice :
Complétez le tableau pour les événements **1** à **5**. Le premier événement a déjà été introduit à titre d'exemple.

	Deuxième acteur économique concerné dans le circuit économique élargi	Flux monétaire dans le circuit économique élargi
1	État	Paiement de transfert public
2		
3		
4		
5		

19   Marchés, prix et élasticité

Situation de départ : le marché d'un bien est représenté ci-dessous sous la forme d'un graphique.

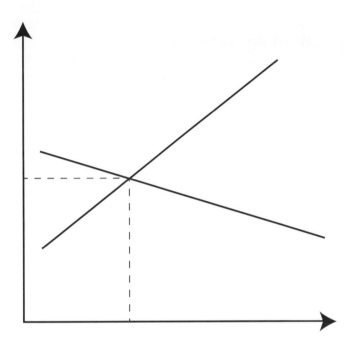

a)   Insérez les axes, les droites et l'intersection.

b)   Décrivez les spécificités de l'intersection.

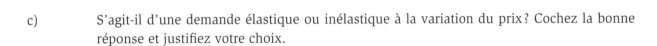

c)   S'agit-il d'une demande élastique ou inélastique à la variation du prix ? Cochez la bonne réponse et justifiez votre choix.

☐ Demande élastique
☐ Demande inélastique

Justification :

d)   Citez un bien qui pourrait correspondre à la représentation graphique du marché ci-dessus.

e) Insérez la modification suivante dans le graphique du marché en utilisant une couleur différente :

Étant donné la situation économique prospère et la hausse garantie des salaires réels, le revenu des ménage augmente fortement.

20 Élasticité et augmentation des prix

L'élasticité de la demande à la variation des prix peut être calculée de la manière suivante :

$$\text{Élasticité de la demande à la variation du prix} = \frac{\text{Variation de la quantité demandée exprimée en \%}}{\text{Variation du prix exprimée en \%}}$$

Les nombres négatifs sont laissés de côté car la valeur de e est toujours positive. Quand e < 1, la demande devient inélastique à la variation du prix, ce qui signifie que la demande varie moins fortement que le prix. Quand e = 1, la demande est proportionnellement élastique, ce qui signifie qu'elle réagit proportionnellement à la variation des prix. Quand e > 1, la demande est élastique, ce qui signifie qu'elle réagit de manière disproportionnée à la variation des prix.

Un producteur de dentifrice vend un tube de dentifrice de 75 ml au prix de 3,80 CHF. Le producteur voudrait à présent augmenter le prix du tube à 4,75 CHF. Au prix de 3,80 CHF, il vend 400 000 tubes de dentifrice par an. On estime qu'au prix de 4,75 CHF, il vendra 260 000 tubes de dentifrice par an.

a) Calculez l'élasticité de la demande à la variation du prix.

b) Expliquez l'élasticité obtenue par ce calcul et analysez la hausse des prix prévue.

21 Élasticité et stratégie de prix

La boutique Mountain-Sport SA propose une vaste gamme de vêtements de sport.

De début avril à fin juillet, la boutique vend 50 vestes de randonnée de la marque *Leuter Summer Adventure* par mois au prix de 250 CHF pièce. À partir du mois d'août, le volume des ventes baisse de manière ostentatoire. C'est pourquoi la boutique propose une liquidation de ses vêtements d'été au mois d'août. La boutique dispose encore d'un stock de 90 vestes de randonnée de la marque *Leuter Summer Adventure*. Ce stock doit être écoulé au mois d'août pour faire place à la collection d'hiver. En s'appuyant sur ses expériences passées, la boutique estime qu'au prix de liquidation de 150 CHF, 90% du stock peut être vendu.

a) Calculez l'élasticité de la demande à la variation du prix.

b) Analysez l'élasticité de la demande. La liquidation prévue est-elle rentable? Appuyez-vous sur les données chiffrées pour répondre.

B   Notions

Associez les notions suivantes à leur définition :

Lettre	Notion		
	Excédent d'offre		Équilibre du marché
	Incitation		Coûts d'opportunité
	Circuit économique simple		Élasticité de la demande à la variation du prix
	Loi de la demande		État
	Évolution de la courbe de l'offre		Déplacement de la courbe de l'offre
	Situation de rareté		Déplacement de la courbe de la demande
	Marché		

A   Chacun a des besoins illimités, mais ne dispose que d'un nombre limité de ressources.

B   Les coûts réels d'une action représentent les avantages perdus par la non réalisation d'une autre action.

C   Lorsque le prix d'un bien augmente, la quantité demandée pour ce bien diminue.

D   Lorsque le revenu des ménages augmente, leur demande augmente également, quel que soit le prix.

E   Lorsque le prix d'un bien augmente, la quantité offerte par le producteur augmente également.

F   En raison de la hausse considérable du prix du pétrole brut, les producteurs doivent augmenter fortement le prix de leurs biens.

G   L'offre d'un bien spécifique est au même niveau que sa demande.

H   Prix auquel la quantité offerte est égale à la quantité demandée.

I   Formation de stocks chez le producteur qui entraîne une baisse des prix.

J   Une variation des prix entraîne une modification du comportement individuel des consommateurs.

K   Mesure la réaction de la demande en cas de variation du prix.

L   Représentation simplifiée de l'interaction entre les ménages et les entreprises (deux acteurs économiques) sur le marché des biens et des ressources.

M   Perçoit les impôts payés par les ménages et les entreprises, achète des biens et des services auprès des entreprises et verse des salaires, des intérêts et des transferts aux ménages (exemple : paiement de l'AVS).

C   Approfondissement des connaissances

Questionner ses besoins

Auteur : Thilo Grosser

Exercices :

1. Référez-vous à la pyramide des besoins du chapitre 2.2.1 à la page 40 du manuel et répondez à la question suivante :
Par quels moyens pouvez-vous satisfaire les besoins mentionnés dans chaque niveau ? Veuillez noter que généralement, les besoins sont satisfaits par des biens matériels. Plus on se rapproche du sommet de la pyramide, plus la satisfaction de nos besoins passe par des biens immatériels.

2. Une chanson à succès des années 1960 avait pour refrain : «*Je n'ai besoin de personne en Harley-Davidson*». Placez le refrain dans la catégorie correspondante de la pyramide des besoins. Un besoin situé dans une catégorie élevée de la pyramide non satisfait sur le long terme engendre de la frustration. Alors, la tentation de déplacer ce besoin vers une catégorie inférieure augmente. Y a-t-il des besoins ou des objectifs que vous ne comblez pas de façon appropriée ?

3. La motivation relative à la satisfaction des besoins est un moteur important dans le quotidien de la vie professionnelle. Il existe plusieurs façons de faire son travail : du travail effectué sans motivation («Ce n'est qu'un travail alimentaire», implication minimum, désengagement, attente que la journée de travail se termine) à celui effectué avec beaucoup de motivation (pouvoir faire ce que l'on aime, faire de son passe-temps son gagne-pain, motivation propre et intrinsèque). Qu'est-ce qui vous motive à aller à l'école ou au travail ?

4. Si elles ne veulent pas mettre la clé sous la porte, les entreprises doivent répondre aux besoins de leurs employés tout en visant la réalisation de leurs propres objectifs. C'est à ces fins que de nombreux supérieurs hiérarchiques rencontrent leurs subordonnés une fois par an pour évaluer leurs performances et fixer les objectifs pour l'année à venir. La réalisation de ces objectifs est souvent rétribuée par l'entreprise sous forme de prime ou de promotion. Placez ce cas dans la pyramide des besoins. Demandez à vos parents comment leur employeur tente de prendre en compte les besoins de leurs employés au sein de l'entreprise.

5. Jusque dans les années 1970, la méthode de production employée dans le secteur de la construction automobile était la production à la chaîne. Par conséquent, le travail complexe de construction d'une voiture était réparti en une multitude de petites tâches simples que même des travailleurs non qualifiés pouvaient réaliser et les employés étaient facilement interchangeables (taylorisme). Le groupe japonais Toyota a fini par former des équipes d'ouvriers travaillant à la chaîne. Plutôt que d'avoir un seul employé responsable d'une seule tâche, Toyota a mis en place des groupes de travailleurs responsables d'une pièce plus complexe, et donc de plusieurs étapes de travail. Depuis, de nombreux fabricants se sont inspirés de cette méthode, même dans d'autres secteurs que celui de la construction automobile. Selon vous, pourquoi le travail en équipe s'est-il révélé aussi fructueux et productif ?

6. Au travers de la publicité et de campagnes marketing, les entreprises tentent de créer des besoins chez les consommateurs qui les pousseraient à acheter leurs produits. À votre avis, dans quelle mesure les entreprises parviennent-elles à influencer vos décisions d'achat grâce à la publicité ?

7. Les religions, les partis politiques ou encore les idéologies abordent également la question de la hiérarchisation des besoins. L'Histoire regorge d'exemples de monarques ayant tenté de modifier la pyramide des besoins de leurs sujets pour satisfaire leurs propres ambitions. L'écrivain communiste Bertolt Brecht a écrit : « D'abord la bouffe, ensuite la morale ». À la fin de la République romaine, l'empereur a préféré offrir du pain et des jeux, c'est-à-dire de la nourriture et du divertissement, plutôt que du pouvoir à son peuple. Des régimes totalitaires tels que la RDA autrefois ou la Corée du Nord de nos jours qui ne parviennent pas à combler les besoins de leur population (pénuries, manque de participation) contournent le problème en reportant l'attention sur des objectifs supérieurs et sur le bien commun (mise en place du socialisme, lutte contre l'ennemi de classe). Pensez-vous qu'il est socialement pertinent de renoncer à la satisfaction des besoins individuels en faveur de la réalisation d'objectifs dits supérieurs ? Analysez le pour et le contre.

Prendre une décision rationnelle (analyse coûts-bénéfices)

Auteur : Thilo Grosser

Comme nous l'avons constaté dans ce chapitre, les décisions rationnelles permettant aux individus de maximiser leur utilité sont un concept important de l'économie. Grâce à un exemple de simple analyse coûts-bénéfices, apprenez comment prendre une décision en tenant compte systématiquement d'un maximum de critères décisionnels importants. Répondons à la question suivante : quelle est la meilleure solution pour nous ?

Une analyse coûts-bénéfices permet de résoudre des problèmes décisionnels très différents : choisir la meilleure offre sur le marché, la bonne profession, la place d'apprentissage, le

Achat d'un jean : décision impulsive ou rationnelle ?

domaine d'études ou même le meilleur employeur. Quant aux entrepreneurs, cette analyse leur permet de choisir les fournisseurs, le personnel ou le lieu d'implantation. C'est également la façon dont on procède lors de décisions économiques au quotidien, sous une forme plus complexe que celle exposée ici. Cependant, bien que l'analyse coûts-bénéfices fasse appel à une objectivité apparente et à une certaine rigueur, l'estimation de l'utilité d'un individu ou d'un groupe d'individus reste au moins en partie subjective. D'autres décideurs, qui auraient optimisé leur utilité subjective, pourraient prendre une toute autre décision.

Vous pouvez utiliser n'importe quel produit qui vous intéresse dans une analyse coûts-bénéfices. Prenons l'exemple de l'achat d'un jean. Peut-être preniez-vous vos décisions d'achat déjà de manière plutôt rationnelle, mais sans être conscient des critères ni de leur hiérarchisation. Une analyse coûts-bénéfices se décompose en quatre étapes :

- Formulation des critères décisionnels
- Évaluation des autres produits disponibles
- Hiérarchisation des critères décisionnels
- Sélection du produit optimal

1. Critères décisionnels possibles
- Aspect (exemple : coupe, taille, couleur)
- Prix (exemple : entre 50 et 150 francs)
- Qualité (exemple : durée de vie du produit, coutures, qualité de la matière)
- Image (image de marque auprès du public ou du groupe cible)
- Service (exemple : conseils et politique d'échange du magasin)
- Coûts d'approvisionnement (coûts d'envoi ou de déplacement vers le magasin)
- Durabilité (conditions de travail sociales et écologiques dans le pays de production)
- Autres critères (citez les autres critères qui sont importants pour vous)

2. Évaluation des autres produits disponibles
Nous évaluons les critères à l'aide d'un tableau simple et leur attribuons une note comprise entre 0 et 10. À titre d'exemple, notons qu'un prix bas rapporte plus de points et qu'une production peu écologique en enlève.

3. et 4. Hiérarchisation des critères décisionnels et sélection du produit optimal
Déterminons à présent quels critères décisionnels nous semblent plus importants que les autres et distribuons les points de pourcentage. Ce facteur de pondération est ensuite multiplié par la valeur contenue dans le tableau d'évaluation et inscrit dans un tableau de résultats.

Critères décisionnels	Produits disponibles			
	Jean A	**Jean B**	**Jean C**	**Jean D**
Aspect	8	5	6	7
Prix	9	10	10	8
Qualité	10	10	7	8
Image	2	9	10	3
Service	8	10	10	9
Coûts d'approvisionnement	7	10	6	8
Durabilité	2	5	9	3
Somme (utilité)	46	59	58	46

Tableau des résultats :

Critères décisionnels		Produits disponibles							
		Jean A		Jean B		Jean C		Jean D	
Pondération des critères décisionnels en pourcentage		Évaluation	Résultat pondéré	Évaluation	Résultat pondéré	Évaluation	Résultat pondéré	Évaluation	Résultat pondéré
Aspect	30	8	240	5	150	6	180	7	210
Prix	20	9	180	10	200	10	200	8	160
Qualité	15	10	150	10	150	7	105	8	120
Image	10	2	20	9	90	10	100	3	30
Service	10	8	80	10	100	10	100	9	90
Coûts d'approvisionnement	5	7	35	10	50	6	30	8	40
Durabilité	10	2	20	5	50	9	90	3	30
Somme (utilité)	100		725		790		805		680

Résultat : D'après les premiers résultats du tableau d'évaluation, le jean B semblait être le meilleur choix, mais après pondération, c'est finalement le jean C qui l'emporte. Il est moins bien placé au niveau du critère « coûts d'approvisionnement » mais dépasse largement les autres jeans au niveau du critère « durabilité ».

Exercices :
1. Choisissez un produit qui vous intéresse particulièrement et faites votre propre analyse coûts-bénéfices.
2. Optez pour des critères décisionnels et discutez-en également au sein de votre groupe de travail. Déterminez ces critères avec précision avant de les définir.
3. Rassemblez le plus d'informations possibles sur les différents produits et fabricants disponibles. Afin que l'analyse reste claire, ne sélectionnez que trois à quatre produits différents.
4. Effectuez l'analyse comme dans l'exemple ci-dessus.
5. À discuter en classe : dans quel contexte une telle méthode est-elle pertinente et dans quel contexte est-elle excessive ?
6. Des magazines de consommateurs tels que *FRC Mieux Choisir* ou *Bon à Savoir* utilisent une méthode d'évaluation des produits très similaire. Lisez quelques tests proposés dans les magazines ou sur internet et analysez le choix des critères, la hiérarchisation et l'évaluation mis en avant dans leurs tests. D'après vous, à quel point ces rapports de tests sont-ils objectifs et utiles ?

Phénomène de consommation

Auteur : Thilo Grosser

Les signaux-prix nous transmettent des messages importants. Toutefois, les acteurs du marché ne réagissent pas forcément de la manière attendue. Ainsi, la hausse du prix d'un bien pourrait bien faire augmenter le nombre d'achats de ce bien plutôt que de le faire diminuer. Cela peut sembler absurde, mais peut être observé sur de nombreux marchés, tels que celui de l'alimentation, du prêt-à-porter, des téléphones portables, des produits de luxe ou de la bourse. De nombreux phénomènes peuvent être expliqués par notre tendance à faire des choix en fonction de nos contemporains. En général, le modèle économique est basé sur l'hypothèse que chaque acteur économique prend ses propres décisions et donc que les actions individuelles des consommateurs sur les marchés sont indépendantes les unes des autres. Or ce que nous apprécions et achetons dépend en réalité également de ce que les autres apprécient et achètent. Nos désirs de consommateur, c'est-à-dire nos préférences, ne viennent pas de nulle part et sont influençables et adaptables. Ceux qui suivent les tendances succombent à ce qu'on appelle l'effet de mode. Ce n'est pas le prix qui motive une décision d'achat mais bien la volonté de porter un vêtement qui est à la mode dans son cercle d'amis.

Les personnes qui jouissent d'un statut suffisamment important adoptent un comportement différent et achètent des biens qui les différencient de leurs semblables. Afin d'afficher la distance qui les sépare du reste du monde, ces personnes recherchent l'exclusivité absolue, même dans les simples objets du quotidien. On observe ce phénomène chez les consommateurs de produits de luxe, mais également chez les technophiles avides de débusquer les nouveautés sur les marchés ou dans les sous-cultures non conformistes telles que les mouvements punk ou cosplay, qui se distinguent du reste de la société par des accessoires typiques. Ce phénomène est connu sous le nom de consommation ostentatoire ou, de façon explicite, d'effet de snobisme.

Pas d'exemple de snobs mais peut-être d'effet de snobisme ?

On parle d'effet de snobisme quand c'est l'envie d'exclusivité qui est décisive et d'effet de Veblen, d'après le nom de l'économiste américain, lorsque c'est le prix qui est déterminant. En achetant des biens au prix le plus élevé possible, le consommateur affiche son statut social et marque ainsi sa différence avec les autres consommateurs.

Tous ces phénomènes de consommation motivée par le statut social, ou consommation ostentatoire, font que la courbe de la demande ne suit pas le schéma économique normal, selon lequel une augmentation du prix entraîne une diminution de la demande (voir paragraphe 2.2.2 du manuel). Ce mécanisme ne fonctionne pas non plus en cas d'achat d'un bien dit de Giffen. Au XIXe siècle, les économistes ont observé que les ménages pauvres avaient tendance à acheter plus de pain et de pommes de terre à la suite d'une mauvaise récolte, alors que le prix avait nettement augmenté en raison de la faiblesse de l'offre. La raison : ces ménages n'avaient plus les moyens d'acheter de la viande et l'avaient remplacée par des aliments de base dont le prix avait certes augmenté, mais restait abordable, comparé à celui de la viande.

C'est également le cas à la bourse, où une hausse du prix des titres ne freine pas nécessairement la demande, qui peut même, bien au contraire être stimulée sur les marchés. Un cours plus élevé sera interprété par beaucoup comme le signal que la valeur d'un titre est particulièrement prometteuse. Un tel comportement grégaire agit pendant un temps comme une prophétie autoréalisatrice. En effet, le prix continue réellement d'augmenter en raison du nombre élevé de nouveaux acheteurs potentiels. En revanche, cela ne signifie pas nécessairement que l'entreprise émettrice de ces titres a réellement de meilleures chances de survivre sur les marchés.

Exercices :

1. Décrivez les incohérences existantes entre les phénomènes de consommation décrits ci-dessus et la variation habituelle de la demande.
2. Tracez une courbe de la demande classique avant d'indiquer le déplacement de cette courbe à la suite d'une augmentation des prix. Puis, tracez la courbe de la demande représentant l'effet de Veblen et le bien de Giffen (la demande augmente malgré la hausse des prix). Enfin, interprétez les résultats.
3. Trouvez des exemples issus de votre environnement social pour les effets décrits ci-dessus. Autrefois exclusifs, aujourd'hui banals : notez qu'un bien snob perd de sa valeur pour ses amateurs lorsqu'il attire un plus grand nombre de consommateurs et devient à la mode. Trouvez également des exemples pour ce cas-ci.
4. Centre commercial, grand magasin, magasin discount, marché bio, comptoir, magasin spécialisé : faites vos courses de manière ciblée dans un autre endroit que celui où vous vous rendez habituellement et repérez la manière dont le consommateur est incité à acheter par la publicité, la présentation des produits et les prix. Parvenez-vous à déterminer quels sont les différents groupes de consommateurs, l'endroit où ils font leurs courses et pourquoi ?

D Liens vers iconomix.ch

Marché et formation des prix

https://www.iconomix.ch/fr/modules/m03/

Ce module illustre à l'aide d'un jeu en équipe le fonctionnement de marchés transparents et bien organisés. Il enseigne des concepts de base tels que la formation des prix sur les marchés, la notion d'équilibre, l'offre et la demande, le gain d'échange ou l'efficacité du marché. Nous vous recommandons de participer à un atelier iconomix pour tester ce module (https://www.iconomix.ch/fr/services/formation-complementaires/).

Coûts d'opportunité

https://www2.iconomix.ch/videos/opportunitaetskosten/ (lien en allemand, non traduit)

Cette page explique le principe des coûts d'opportunité. Plusieurs exemples de la vie quotidienne des apprenants montrent comment chaque décision engendre des coûts. Vous y trouverez un fichier audio (en allemand) accompagné d'exercices sur le sujet.

L'économie de marché et le rôle de l'État

A   Exercices

1   Systèmes économiques:
économie de marché ou économie planifiée

Cochez le(s) système(s) économique(s) correspondant(s).

	Économie planifiée	Économie de marché
Chaque acteur économique décide de l'utilisation des ressources.	☐	☐
Les décisions économiques sont centralisées.	☐	☐
Chaque acteur économique consomme des produits.	☐	☐
L'utilisation des ressources est coordonnée de manière centralisée.	☐	☐
Personne n'est responsable du fait que les décisions économiques soient coordonnées.	☐	☐

2   Le fiasco de l'économie planifiée

Le 9 novembre 1989, le rideau de fer tomba. Cet événement marqua la fin de l'économie planifiée socialiste en Europe de l'Est.

a)   Expliquez la différence la plus importante entre l'économie de marché et l'économie planifiée.

Économie de marché	Économie planifiée

b)   Citez deux facteurs importants qui ont mené à l'échec de l'économie planifiée.

3   Systèmes économiques

Cochez le(s) système(s) économique(s) correspondant(s).

	Économie planifiée	Économie de marché	Économie sociale de marché
L'élément de décision central est le marché. L'État intervient activement dans l'économie de marché en cas de défaillance du marché.	☐	☐	☐
L'élément de décision central est le marché. L'État compense les différences de revenus grâce à des mesures de redistribution.	☐	☐	☐
Les consommateurs doivent acheter ce qui est disponible. Les besoins individuels n'ont que peu d'importance.	☐	☐	☐
La production de marchandises et de services survient au sein d'un système hautement développé de division du travail, dans lequel les producteurs produisent également en fonction de leurs besoins.	☐	☐	☐
Les intérêts des individus débouchent sur un système économique coordonné et social.	☐	☐	☐

4   Fonction d'orientation des prix

Répondez par vrai ou faux pour chacune des affirmations suivantes et corrigez celles qui sont erronées.

Vrai	Faux	Affirmation	Correction
☐	☐	Les prix permettent une répartition des ressources efficace car les facteurs de production sont employés là où des prix élevés peuvent être atteints pour les marchandises produites.	
☐	☐	Lorsque les producteurs n'écoulent pas la marchandise, l'offre dépasse la demande. Il s'agit là d'un exemple de répartition efficace des ressources.	
☐	☐	Des prix à la hausse dans certains marchés indiquent un développement futur. Investir dans ces marchés s'avère donc rentable. Ainsi, les innovations telles que l'énergie solaire sont encouragées.	
☐	☐	Des prix élevés indiquent qu'un bien devient de plus en plus cher sur le long terme. Les consommateurs arrêteront donc d'acheter ce bien.	

5 Fonction d'orientation des prix

Expliquez l'effet incitatif des prix du pétrole à la suite du choc pétrolier de 1973 impliquant l'OPEP.

1. Informations concernant la rareté

2. Nouvelle répartition des ressources

3. Coordination des acteurs du marché

4. Innovations

6   Intervention de l'État sur la fixation des prix et prix minimum

L'État souhaite protéger les agriculteurs contre les prix bas et introduit un prix de vente minimum de 2,50 CHF pour un kilo de sucre cristallisé. Le prix de marché actuel est de 1,80 CHF par kilo.

a) Construisez un graphique prix-quantité détaillé pour le cas mentionné ci-dessus. Veuillez également y intégrer le surplus du consommateur, le surplus du producteur ainsi que la perte de bien-être.

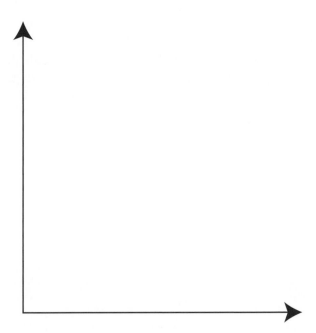

b) À l'aide de mots-clés, décrivez les conséquences de cette intervention de l'État.

_____

_____

_____

_____

_____

_____

_____

_____

_____

_____

7 Salaires minimum

Les salaires des travailleurs non qualifiés se situent autour de 15 CHF de l'heure. Dans ce cas-ci, l'offre et la demande se compensent. Cependant, le taux horaire de 15 CHF est considéré trop bas et c'est pourquoi le gouvernement impose un salaire minimum de 20 CHF de l'heure.

a)   À quel marché se réfère le cas mentionné ci-dessus?

_____

b)   Construisez un graphique exprimant le cas mentionné ci-dessus.
Nommez correctement les axes et les courbes tracés. Puis, expliquez à l'aide de mots-clés les conséquences d'une telle action gouvernementale.

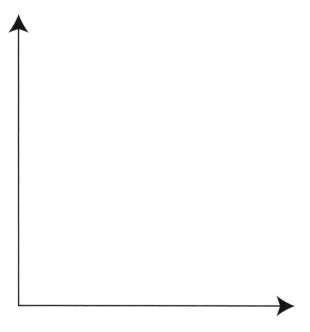

Conséquences de cette intervention:

_____

_____

_____

_____

_____

8 La fonction de l'État dans l'économie de marché

Cochez les fonctions de l'État correspondantes.

	Mise en place d'un système juridique	Régle- mentation efficace	Correction des défaillances du marché
Les prescriptions adoptées par l'État pour orienter le marché doivent être façonnées le plus simplement possible afin que l'effort administratif reste minime.	☐	☐	☐
Quand les marchés provoquent un gaspillage des ressources, l'État intervient dans l'économie.	☐	☐	☐
Dans l'économie de marché, les marchés sont anonymes. Il est donc important que des contrats soient légalement définis et contraignants. En cas de violation du contrat, des recours sont possibles.	☐	☐	☐
Dans la politique agricole, les interventions de fixation d'un prix minimum sur le marché se sont révélées moins efficaces que les paiements directs. C'est pourquoi cette deuxième mesure a pris le pas sur la première.	☐	☐	☐

9 Défaillance du marché, politique de concurrence et politique environnementale

Répondez par vrai ou faux pour chacune des affirmations suivantes et corrigez celles qui sont erronées.

Vrai	Faux	Affirmation	Correction
☐	☐	Confrontée à des situations de mono- pole, la Suisse aussi a mis en œuvre des mesures de libéralisation au cours des dernières années. Des étapes de réglementation ont été amorcées à la Poste par exemple	
☐	☐	Les obstacles à l'entrée sur le marché tiennent les concurrents potentiels à l'écart du marché. Ces obstacles ne peuvent cependant pas être créés de manière artificielle.	
☐	☐	Tout le monde veut des biens publics, mais personne ne veut payer pour ces biens car tout le monde y a accès.	

☐ ☐ En cas d'externalités négatives,
les produits sont, d'un point de vue
social, vendus trop cher car les coûts
supplémentaires liés à la production
ou à la consommation ne sont pris en
charge ni par les consommateurs,
ni par les producteurs.

☐ ☐ Il existe quatre approches différentes
dans la politique environnementale :
1. la protection volontaire de
l'environnement, 2. la réhabilitation
par l'État, 3. les réglementations et
interdictions introduites par l'État et
4. la protection de l'environnement
relevant de l'économie planifiée.

☐ ☐ L'internalisation des externalités implique
que les pollueurs prennent à leur charge
la totalité des coûts liés à la consommation et/ou à la production.

10 Types de biens

Cochez la notion correspondant à la description.

	Bien publics	Biens de consommation	Facteurs de production/ Ressources	Rareté	Biens gratuits	Biens d'investissement
Des biens, qui ont été produits dans le but de produire d'autres biens.	☐	☐	☐	☐	☐	☐
La demande de ressources ou de biens est supérieure à leur quantité disponible.	☐	☐	☐	☐	☐	☐
Des biens qui sont disponibles en grande quantité et qui ne coûtent rien.	☐	☐	☐	☐	☐	☐
Les biens que les profiteurs du système peuvent consommer gratuitement sans qu'on puisse les en empêcher.	☐	☐	☐	☐	☐	☐
Des biens et des services qui satisfont les besoins des consommateurs.	☐	☐	☐	☐	☐	☐
Les ressources utilisées pour la production.	☐	☐	☐	☐	☐	☐

11 Prospérité, bien-être et objectifs de la politique économique

a) Cochez la notion correspondante.

	Bien-être	Objectifs de la politique économique	Prospérité
Directives générales jugées souhaitables par une large majorité de la population.	☐	☐	☐
Quantité de biens et de services que l'on peut généralement se permettre d'acheter.	☐	☐	☐
Profit que quelqu'un peut tirer de la consommation d'un bien, après déduction des coûts.	☐	☐	☐
Prospérité élevée, chômage bas, prix stables et financement public durable.	☐	☐	☐

b) Citez deux caractéristiques que les objectifs économiques globaux doivent présenter.

_____

_____

_____

_____

12 Politique environnementale et défaillance de l'État

Expliquez les notions suivantes à l'aide de mots-clés.

Notion	Explication à l'aide de mots-clés
Recherche de rente	
Incitations auxquelles sont soumis les représentants politiques	
Défaillance de l'État	
Droit d'émission	
Protocole de Kyoto	

13 Politique de concurrence

Citez quatre exemples d'effets négatifs induits par une situation de monopole.

1.

2.

3.

4.

14 Politique environnementale: étude de cas sur le péage urbain

Le péage urbain désigne le prélèvement de taxes routières et vise à influencer la demande de transport par le prix. L'exemple de Londres est particulièrement édifiant. En effet, en janvier 2018, un trajet dans le centre-ville de la capitale anglaise coûte 11,50 GBP (soit environ 15 CHF). Cette taxe est investie par la ville de Londres pour améliorer l'offre de transports publics. Les conséquences sont significatives: on parle d'une diminution du trafic allant jusqu'à 20%. Les automobilistes qui paient cette taxe ne rencontreront pas d'embouteillage sur leur trajet vers le centre-ville et trouveront plus facilement une place de stationnement. Les résultats du péage urbain dans la métropole anglaise pourraient paver la voie aux débats sur son introduction en Suisse.

En Suisse, il n'existe actuellement qu'une seule taxe routière pour les transports privés, la vignette automobile, qui coûte 40 CHF par an.

a) Expliquez en quoi la vignette automobile ne prend pas suffisamment en compte le principe du pollueur-payeur.

b) De quelle manière les coûts externes liés à l'utilisation d'un véhicule motorisé sont-ils internalisés par le péage urbain?

c)   Expliquez en quoi le système de péage urbain de Londres est une taxe d'incitation à affectation spécifique.

_____

_____

15   Politique environnementale et taxe environnementale

100 litres de mazout coûtent actuellement 90 CHF. Pour atteindre les objectifs climatiques fixés par le protocole de Kyoto, le gouvernement décide de prélever une taxe environnementale de 10 CHF pour l'achat de 100 litres de mazout (exemple fictif).

a)   Construisez un diagramme représentant le marché du mazout, tracez les courbes de l'offre et de la demande, faites apparaître la taxe environnementale de 10 CHF et mettez en évidence les conséquences d'une telle action gouvernementale.

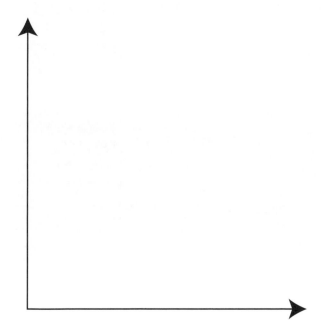

b)   Décrivez les conséquences de cette décision du gouvernement.

_____

_____

c)   En quoi l'intervention de l'État sur le marché du mazout par le prélèvement d'une taxe climatique se justifie-t-elle économiquement?

_____

_____

16 Étude de cas : L'indice Big Mac

C'est chez nous que le Big Mac est le plus cher

Après la libération du franc suisse, un Big Mac coûtait 7,54 dollars US en Suisse. On peut donc en conclure qu'en matière de hamburgers, la Suisse est le pays le plus cher au monde. La Norvège prend la deuxième place de ce classement avec un Big Mac à 6,30 dollars. Ces données proviennent de l'indice Big Mac, publié par le magazine *The Economist*. Le Big Mac est également onéreux au Danemark (5,38 dollars) ou au Brésil (5,21 dollars). Parmi les pays cités, c'est en Russie que le sandwich phare de McDonald's coûte le moins cher (1,36 dollars).

Pourquoi a-t-on choisi le Big Mac comme valeur ? L'avantage de cet hamburger est qu'il est produit de la même façon partout dans le monde. Le Big Mac devrait donc, du moins en théorie, avoir le même goût et contenir les mêmes ingrédients dans tous les pays du monde. Par conséquent, comme le Big Mac est le même partout, les différences de prix devraient s'expliquer uniquement par les dépréciations ou revalorisations des différentes devises.

D'après le quotidien *Neue Zürcher Zeitung*, ce calcul pourrait également être effectué au moyen de cafés Starbucks. Un cappuccino de taille moyenne de chez Starbucks coûte 6,90 CHF à Zurich et seulement 4,20 EUR à Vienne. Le quotidien explique également que les coûts salariaux plus élevés dans les pays riches se reflètent dans les prix. Sur le plan économique, cette survalorisation s'explique également en partie par des salaires plus élevés.

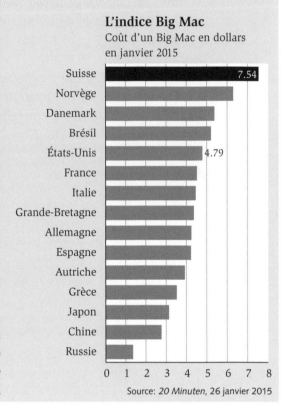

L'indice Big Mac
Coût d'un Big Mac en dollars
en janvier 2015

Source: *20 Minuten*, 26 janvier 2015

a) Calculez la différence de prix en pourcentage entre les États-Unis et la Suisse au mois de janvier 2015.

b) Au 16 janvier 2015, un Big Mac coûtait 6,50 CHF en Suisse. Calculez le prix en dollars américains au cours du dollar actuel.

c)   Pour son calcul, *The Economist* a utilisé le taux de change du 16 janvier 2015 qui s'élevait à 0,86 CHF = 1 USD, peu après l'abolition du cours plancher de l'euro. Deux jours plus tôt, le 14 janvier 2015, le taux de change s'élevait à 1,02 CHF = 1 USD. La Suisse serait-elle encore le pays le plus cher, si le taux de change du 14 janvier 2015 avait été déterminant?

d)   Quelles sont les raisons citées dans l'article qui expliquent cette différence des prix?

e)   À votre avis, la différence des prix entre les pays peut-elle s'expliquer uniquement par la surévaluation ou la sous-évaluation de la monnaie, comme l'entend l'article? Justifiez votre réponse en détail.

17 Étude de cas : La Poste et le monopole résiduel pour les lettres de moins de 50 grammes

La Poste scie la branche sur laquelle elle est assise

Avec son approche, la Poste fait le jeu de ceux qui voudraient voir disparaître le monopole résiduel.

Par Mischa Stünzi

C'est une entreprise difficile que de piquer des parts de marché à la Poste. En effet, après des décennies de monopole, sa position est extrêmement solide. Les services privés de livraison de colis en savent quelque chose. Même si le marché de livraison de colis a été libéralisé il y a plus de dix ans en Suisse, la Poste conserve toujours à ce jour environ 80% des parts de marché.

La lutte contre ce concurrent ultra puissant du marché des lettres est encore plus difficile. L'entreprise Quickmail, unique challenger de la Poste dans ce domaine, n'a pu conquérir que 1,5% des parts de marché en huit ans. Grâce au monopole résiduel, la Poste bénéficie d'un avantage beaucoup plus important. Elle est la seule à pouvoir livrer des lettres de 50 grammes et moins. Cet avantage est habilement exploité par la Poste au travers de son système de prix. Elle octroie des réductions à ses clients en fonction du volume de lettres envoyées, tant sur l'envoi de lettres ou colis de plus de 50 grammes que sur son marché monopolistique. Seule la Poste peut offrir ce rabais couplé. C'est la raison pour laquelle ces avantages sont controversés et font actuellement l'objet de débats au Parlement sur une possible interdiction. D'après une enquête qui a duré six ans, la Commission de la concurrence (Comco) a établi que la Poste ne se contentait pas de cet avantage concurrentiel. D'après la Commission, son système de réduction n'est pas transparent et n'est pas appliqué de manière homogène. Ainsi, la Poste nuit à son concurrent Quickmail et exclut certains clients en tirant sur la corde. Par ce procédé, la Poste fait le jeu de ceux qui voudraient voir disparaître rapidement le monopole résiduel. Or, elle adopte clairement la position selon laquelle ce service réservé, comme on appelle officiellement le service monopolistique de livraison de lettres, constitue une contribution significative au financement du service de base. « Aux yeux de la Poste, sans ce monopole résiduel, le financement du service de base serait remis en question » a déclaré l'entreprise publique. De nombreux experts sont d'accord pour dire que la Poste n'a même plus besoin de son monopole. Si elle continue sur cette voie, le monopole risque de disparaître plus tôt qu'elle ne l'aurait souhaité.

Source : *Der Bund*, 19 décembre 2017

a) Citez les domaines dans lesquels la Poste suisse est en situation de monopole et la manière dont les obstacles à l'entrée du marché sont réglementés.

b) Avec quelles données chiffrées peut-on démontrer la situation de monopole de la Poste ?

c)   Comment la Poste exploite-t-elle sa situation de monopole ?

_____

_____

_____

_____

_____

18   Étude de cas : Le cartel de la vente de ferrures de portes

Découvrez l'article suivant, publié le 9 décembre 2014 dans le quotidien *Neue Zürcher Zeitung*.

La Comco inflige une amende à cinq vendeurs de ferrures de portes pour fixation de prix

Zurich (AWP) – La Commission suisse de la concurrence (Comco) condamne cinq membres d'un cartel de fournisseurs à payer une amende d'un total de 185 000 CHF. La Commission a indiqué mardi que les vendeurs de ferrures de portes s'étaient accordés pour établir une marge minimum. De tels accords sur les prix représentent un cartel dur.

Les fournisseurs de poignées, de serrures et de charnières de portes se réunissaient tous les ans entre 2002 et 2007 afin d'établir une marge minimum sur la vente de grandes quantités de ferrures de portes. Ces accords visaient des produits fabriqués par l'entreprise Glutz AG, qui ensuite étaient vendus à des entreprises du secteur de la fabrication de portes, telles que des menuiseries. Les entreprises concernées par l'amende sont Fritz Blaser Cie. AG, Rudolf Geiser AG, Immer AG, le groupe Koch et OPO Oeschger AG. SFS Unimarket a été la première entreprise à déposer une plainte contre l'entente entre les différents distributeurs et a pu bénéficier d'une suspension totale de sanction. Selon un communiqué, la Comco a mis fin à la procédure engagée contre le fabricant Glutz AG car il ne pouvait être prouvé que l'entreprise avait enfreint le droit de la concurrence.

Source : *Neue Zürcher Zeitung*, 9 décembre 2014

a)   Expliquez à l'aide de mots-clés la raison pour laquelle les vendeurs de ferrures de portes se réunissaient tous les ans.

_____

_____

_____

_____

_____

_____

_____

b)   Sur qui retombaient les conséquences négatives dans ce cas-ci et quelles étaient ces conséquences?

_____

_____

c)   Pourquoi parle-t-on de cartel dans ce cas-ci?

_____

_____

_____

_____

19   Étude de cas: Les coûts externes

Partir en vacances en avion? Et le gaz à effet de serre alors? Il existe une solution: chaque
passager peut désormais compenser sa part d'émissions de CO_2 en achetant un billet facul-
tatif. Pour découvrir le fonctionnement de ce processus, rendez-vous sur le site de myclimate: www.myclimate.org/fr.

a)   Veuillez entrer votre prochain voyage en avion dans la barre «vol».

b)   Faites le calcul des émissions de votre vol ainsi que des coûts liés à la compensation de ces
émissions.

c)   Que fait «myclimate» avec les recettes engrangées? Analysez ce type d'internalisation des
coûts externes?

_____

_____

_____

_____

_____

_____

_____

_____

_____

_____

_____

20   Formes du marché et prix minimum

« En Suisse, le lait bio se fait rare. Les producteurs suisses n'en produisent pas assez. »
(*Tages-Anzeiger*, 25 octobre 2011)

a)   En 2011, la grande distribution achetait le litre de lait bio aux producteurs au prix de 0,75 CHF.
Pour cet exercice, admettons qu'à ce prix-là, 100 millions de litres aient été introduits sur le
marché. Représentez cette situation de marché sur le graphique tracé ci-dessous.
Admettons que le Conseil fédéral ait ensuite fixé un prix minimum de 1 CHF pour le litre
de lait bio. Faites apparaître cette action du Conseil fédéral ainsi que les conséquences pour
les prix et les quantités sur le graphique. Nommez précisément les droites tracées.

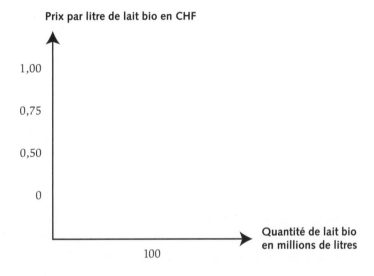

b)   Quelle est la conséquence la plus importante de cette intervention du Conseil fédéral ?

c) En réalité, il n'existe actuellement pas de prix minimum pour le lait en Suisse, ce qui signifie que les prix sont librement déterminés sur le marché. D'après le quotidien *Tages-Anzeiger* du 25 octobre 2011, les deux gros distributeurs suisses se répartissaient les parts de marché du lait bio en 2011 comme suit :

Coop   48,8 %

Migros   25,4 %

Autres   25,8 %

Quelles conséquences une telle situation pourrait-elle avoir sur le marché du lait ? Justifiez votre réponse.

21 Externalité et politique environnementale

L'une des causes principales de la hausse des températures mondiales est l'augmentation fulgurante des émissions de CO_2 depuis l'industrialisation d'une grande partie des pays du monde.

En Suisse, une grande partie des émissions de CO_2 proviennent des transports individuels motorisés. Afin de diminuer la consommation moyenne des voitures neuves, il a été proposé d'augmenter de 3000 CHF le prix des voitures à forte consommation d'essence telles que les SUV et de diminuer en même temps de 3000 CHF le prix des véhicules à faible consommation.

a) Décrivez les conséquences d'une telle proposition sur la courbe de l'offre et sur les marchés respectifs.

SUV	Véhicule à faible consommation

b) Analysez si cette proposition peut permettre de réduire les émissions de CO_2 de manière significative. Justifiez votre réponse en détail.

c) Construisez un graphique complet représentant le marché suisse des voitures à faible consommation avant et après la mise en place de la taxe d'incitation à hauteur de 3000 CHF. Faites clairement apparaître les conséquences de la taxe prévue. Tracez les axes et les droites.

Graphique pour les voitures à faibles consommation:

d) Expliquez en quoi la taxe d'incitation de 3000 CHF a pour objectif d'internaliser les externalités.

B Notions

Associez les notions suivantes à leur définition :

Lettre	Notion		
	Répartition des ressources		Pouvoir de monopole
	Efficacité		Monopole naturel
	Externalités		Biens publics
	Économie sociale de marché		Recherche de rente
	Surplus du consommateur		Défaillance de l'État
	Défaillance du marché		Causes de la défaillance du marché
	Obstacles à l'entrée sur le marché		

A Un acteur du marché jouit d'une position si dominante qu'il peut largement dicter les prix et empêcher les concurrents d'entrer sur le marché.

B Prise de décisions sur l'utilisation des ressources rares (facteurs de production).

C Économies sans gaspillage des facteurs de production dans les entreprises et dans l'économie.

D Prix d'un bien que l'acheteur est prêt à payer moins le prix réel de ce bien.

E Actions qui visent à utiliser les réglementations gouvernementales pour obtenir des avantages pour le groupe représenté.

F Situations dans lesquelles les signaux-prix ne fonctionnent pas et ne permettent donc pas une répartition efficace des ressources.

G Pouvoir de monopole, externalités, biens publics, asymétrie d'information.

H Système économique dans lequel l'État joue un rôle important, en particulier dans la répartition des revenus.

I Biens qui n'ont pas de prix et dont l'utilisation doit inclure tout le monde.

J Les obstacles à l'entrée du marché sont les prix fixes élevés. Il ne reste plus qu'une entreprise. Exemple : lignes électriques.

K Incapacité de l'État à corriger la répartition inefficace des ressources au sein d'une économie.

L Coûts indirects de production ou de consommation qui ne sont pas assumés par les pollueurs eux-mêmes mais qui incombent à l'ensemble de la population.

M Facteurs qui empêchent des concurrents potentiels d'entrer sur un marché existant.

C Approfondissement des connaissances

Modèle et réalité

Auteur : Thilo Grosser

Un modèle est une représentation limitée de la réalité. Il ne concentre pas toutes les caractéristiques de l'original, seulement celles qui semblent les plus pertinentes. Par définition, cette représentation et sa valeur informative sont donc limitées. Les modèles d'un seul et même concept peuvent prendre différentes formes : la représentation d'un concept peut varier d'une personne à l'autre.

Ces simples déclarations sur les modèles sont souvent oubliées dans les débats publics sur les questions politiques et économiques. Soudain, un modèle n'est plus une représentation simplifiée et subjective de la réalité, mais en devient la référence ou même une la norme ou l'exemple type. Sortis de leur contexte et séparés de leurs créateurs, les modèles développent une existence propre. L'homo oeconomicus n'est pas le seul modèle – économique – qui, en tant que construction scientifique abstraite, a non seulement dépeint le monde économique réel, mais l'a modifié. L'hypothèse d'efficience du marché en est un autre exemple. L'article suivant, tiré de l'édition en ligne du journal *Welt* de 2011, traite de son interprétation dans le temps.

«Les modèles des économistes ne valent rien»

L'économiste Roman Frydman règle ses comptes avec ses collègues : ceux-ci s'appuyeraient sur des modèles irréalistes qui ne permettent ni de prévoir, ni d'empêcher les crises.

Par Tobias Kaiser

L'économiste [américain] Roman Frydman souhaite qu'à l'avenir ses collègues modifient leur façon de penser. Les économistes n'ont pas attendu la crise financière pour débattre du fait que le monde de la finance se base sur de fausses hypothèses. La conception dominante des marchés financiers efficients repose sur l'hypothèse que tous les acteurs du marché agissent de manière rationnelle et se comportent de manière à garantir l'efficience optimale des marchés financiers.
Cette conception est critiquée depuis longtemps, car elle simplifie fortement la réalité. Des chercheurs en science comportementale dans le domaine de la finance ont développé un contre-modèle : ils supposent que les investisseurs cèdent à l'avidité et à la panique et agissent de manière irrationnelle. Cependant, les comportementalistes ont également modélisé le comportement de ces capitalistes de casino, afin de prévoir leur comportement. Les deux écoles défendent leur théorie, bien qu'aucune des deux n'ait permis de prévoir la crise économique. C'est pourquoi de nombreux économistes appellent à stopper les débats entre ces deux écoles. [...]

Welt Online : *Monsieur Frydman, les économistes sont accusés de ne pas avoir prédit la crise...*
Roman Frydman : Tout à fait. Les économistes ont véritablement échoué.

Welt Online : *Comment expliquez-vous cette défaillance ?*
Frydman : Les modèles actuels considèrent que les marchés sont efficients et donc stables. Toute anomalie est considérée comme un écart par rapport à la norme. Or, avec une vision aussi étroite de la réalité, on ne peut pas prévoir l'arrivée d'une crise. Cette crise a été, comme vous le dites, une très forte concentration d'événements inhabituels. Les théories standards ont empêché les économistes de se rendre compte de la dangerosité de la situation. Savez-vous qui a donné l'alerte ? [...] Ce sont ceux qui ont observé ce qui se passait réellement qui ont pu tirer la sonnette d'alarme. Cela n'a pas été le cas de ceux qui ont fait confiance à leurs modèles.

Welt Online: *Vous accusez la majorité des économistes de ne pas s'être intéressé à la réalité?*

Frydman: Je vais même beaucoup plus loin: les théories macroéconomiques actuelles ignorent la réalité. Ces théoriciens savent précisément à quoi doit ressembler un comportement rationnel et ont basé leurs modèles sur l'idée selon laquelle les investisseurs et les marchés se comportent comme par le passé, c'est-à-dire de manière mécanique.

Welt Online: *Ainsi, les économistes se complaisent dans leur vision simpliste du monde.*

Frydman: Effectivement, ils se complaisent dans leur vision confortable. Ce n'est d'ailleurs pas compliqué. Tout y est logique et les événements résultent les uns des autres. L'une des conditions indispensables requises pour travailler dans le monde de la finance, c'est de ne rien comprendre à la réalité. Les entreprises sont à la recherche de personnel avec des connaissances techniques, de docteurs en mathématiques ou en physique. On ne demande pas à ces personnes d'avoir des connaissances sur les marchés.

Welt Online: *L'économie, et en particulier l'économie financière, repose fortement sur les mathématiques. N'en est-elle donc pas réduite à ce simple domaine?*

Frydman: Oui, les économistes ont développé leur propre langage, que personne d'autre ne peut comprendre, ce qui les a rendus intouchables par les critiques. En raison de l'importance accordée aux mathématiques, l'économie ressemble soudain à une science naturelle, alors qu'il s'agit d'une science sociale. [...] Il est ainsi possible de développer des approches que les étudiants peuvent s'approprier et avec lesquelles chacun peut obtenir des résultats comparables. À cet égard, l'économie n'est pas différente des autres disciplines. Le problème est que, dans le monde réel, les résultats dépendent des attentes. Afin d'obtenir des résultats exacts, il faut savoir ce que les individus attendent de l'avenir. Or, cela est impossible, ce qui pousse les économistes à émettre des hypothèses. Ils basculent alors de la vie réelle à un monde imaginaire, dans lequel tout correspond à leurs convictions.

Welt Online: *On ne peut cependant pas accuser l'économie.*

Frydman: Selon moi, si, car en pratique ce fonctionnement est dangereux. La question est de savoir si ces hypothèses irréalistes ne sont utilisées que pour expliquer et justifier ultérieurement les décisions, comme ce fut le cas pour la BCE [Banque centrale européenne, responsable de la mise en circulation de l'euro], ou si elles servent réellement de fondement aux décisions. Nous savons que ces modèles irréalistes sont utilisés pour évaluer des risques et pour fixer les prix des produits financiers complexes. Avec les conséquences désastreuses que cela entraîne.

Welt Online: *Vous reprochez à vos collègues de se simplifier la vie. Or, il est nécessaire de simplifier les choses pour créer des modèles.*

Frydman: Il est vrai que, lorsqu'on crée un modèle, on doit faire abstraction de nombreuses choses. La question est de savoir quelles caractéristiques de la réalité doivent passer à la trappe. Mes pairs ont choisi de laisser de côté le plus important: l'imprévu. Lorsqu'on évalue un bien immobilier, des titres ou d'autres produits financiers, on doit toujours prendre en compte l'imprévu. Les modèles économiques sont trop simplistes, ils supposent que les investisseurs connaissent toutes les évolutions possibles ainsi que leur probabilité et qu'ils fondent leurs actions sur ces estimations. C'est ce que mes collègues appellent la rationalité. Or, ce n'est pas comme ça que les gens prennent des décisions.

Welt Online: *Cela signifie-t-il que nous sommes mus par la peur, la cupidité et les émotions?*

Frydman: Non, absolument pas. Les investisseurs sont des individus très rationnels qui calculent autant que possible. Mais nous ne pouvons pas tout calculer, et nous comblons l'incertitude par notre expérience, notre connaissance du passé et notre intuition. Il s'agit d'un concept différent de celui de la rationalité: nous connaissons notre histoire et tentons de composer du mieux possible avec le fait que nos connaissances sont très incomplètes.

Welt Online: *Si je peux me permettre, Professeur Frydman, il s'agit d'un constat plutôt banal.*

Frydman: Vous avez entièrement raison. [...] Mais les sciences économiques sont désormais au pied du mur, et c'est une situation dont elles doivent se sortir.

Welt Online: *Quel enseignement pouvons nous tirer de votre diagnostic?*

Frydman: En ce qui concerne les marchés financiers, cette vision du monde implique que de fortes fluctuations à la hausse et à la baisse sont parfaitement normales. Ces fluctuations surviennent parce que les investisseurs essaient d'anticiper au mieux les évolutions futures et de réagir aux événements imprévus.

Welt Online: *Cela signifie-t-il que nous ne pouvons rien faire pour empêcher l'éclatement d'une crise?*

Frydman: Si. Si nous acceptons le fait que les marchés ont tendance à être excessifs, nous pouvons demander aux banques centrales ou à d'autres organismes de garder un œil sur les prix des actifs. Et si les prix de l'immobilier ont dépassé un certain seuil, la banque centrale peut à nouveau faire machine arrière, en augmentant le prix des hypothèques par exemple. Si nous avions agi de la sorte dans les années 1990, jamais la crise financière n'aurait eu lieu.

Source: *Welt Online*, 1 mai 2011

Exercices:

1. Lisez attentivement l'interview ci-dessus et citez les déclarations correspondantes:
   - Que déclare l'économiste Roman Frydman concernant la création de modèles économiques de manière générale?
   - Que dit-il concernant le rôle que les modèles économiques ont joué dans la crise financière?
   - Quelles solutions propose-t-il pour répondre aux critiques soulevées?

2. Dans l'interview, il apparaît clairement à quel point les opinions des économistes divergent et qu'il existe plusieurs écoles de pensées, qui s'appuient sur différentes hypothèses de modèles. D'après vous, qu'est-ce que le fait que les économistes soient souvent divisés et n'apportent pas de réponses claires dit de l'économie en tant que science? Comparez ce cas à ce que vous attendez d'autres sciences et faites la distinction entre les sciences naturelles et les sciences sociales ou humaines.

3. Le prix Nobel d'économie a été décerné aux Américains Eugene Fama et Robert Schiller en 2013. Le premier est l'auteur de l'hypothèse d'efficience du marché financier tandis que le second en fait la critique. Alors que Fama réfutait le diagnostic de «bulle spéculative», le qualifiant d'impossible selon un modèle, Shiller suivait les hausses de prix sur le marché immobilier américain et souligna très tôt l'irrationalité de cette évolution, qui a conduit à la crise financière. Recherchez les hypothèses et déclarations importantes des deux lauréats. Pourquoi l'Académie royale des sciences de Suède a-t-elle remis le prix Nobel aux deux économistes, plutôt qu'à un seul?

4. Trouvez des exemples de modèles dans votre vie quotidienne. Discutez dans quel domaine vous utilisez ces modèles et déterminez en quoi cette représentation limitée diffère de la réalité.

D   Liens vers iconomix.ch

Biens publics

www.iconomix.ch/fr/modules/a004/

Ce module illustre des concepts et des termes tels que la défaillance du marché, le parasitisme, les externalités, l'offre insuffisante, le financement de l'État et les normes sociales.

Biens communs

www.iconomix.ch/fr/materiel/m06/

Ce module traite de la surexploitation des ressources librement accessibles. Au travers d'un jeu, les apprenants découvrent et reconnaissent les incitations qui prévalent. Le jeu comprend également la recherche de solutions à des problèmes communs. Nous vous recommandons de participer à un atelier iconomix pour tester ce module (https://www.iconomix.ch/fr/services/formation-complementaires/).

Efficience du marché

www.iconomix.ch/de/unterrichtsmaterial/a022/ (lien en allemand, non traduit)

Dans ce jeu ou éducatif, les apprenants simulent les gains d'échange pour les trois mécanismes de répartition : le marché, le hasard et l'économie planifiée centrale. Il est démontré que seul le marché maximise la somme des bénéfices individuels de l'échange.

Économie politique

www.iconomix.ch/de/unterrichtsmaterial/a027/ (lien en allemand, non traduit)

Ce module explique le concept d'économie politique (également intitulée théorie des choix publics). L'économie politique applique les concepts et les méthodes de l'économie à la politique et à ses acteurs. Le comportement électoral et la pension politique en tant qu'incitation comportementale sont au cœur de ce module.

Croissance et conjoncture

A   Exercices

1   Calcul du PIB

a)   Définissez le produit intérieur brut nominal et le produit intérieur brut réel ainsi que la différence résultante entre les deux mesures.

b)   Le PIB d'une économie est déterminé par la comptabilité nationale. La comptabilité nationale d'un État contient, entre autres, les données chiffrées suivantes :

Comptabilité nationale			en milliards de CHF
Consommation intermédiaire	70	Investissements	550
Amortissements	115	Dépenses publiques	400
Consommation privée	950	Exportations	250
Importations	80	Revenus du travail provenant de l'étranger	130

b1) À quelle méthode de calcul du PIB tous ces éléments se réfèrent-ils ?

b2) Listez les nombres relatifs à la méthode de calcul sélectionnée et calculez le PIB de l'année correspondante.

c) Quel est le montant de ces activités inclus dans le calcul du PIB ? Pour chaque activité, citez les différentes méthodes de calcul du PIB possibles ainsi que les montants correspondants.

Activité	PIB en fonction de la méthode de calcul et montant en CHF
Un traiteur vous livre une pizza chez vous au prix de 20 CHF.	
L'entreprise DELTAG verse des dividendes à hauteur de 20 000 CHF à ses actionnaires.	
La compagnie aérienne Swiss achète des avions à Airbus pour 1 milliard de CHF.	
La boutique de jeans XXXL vend un jean à 150 CHF qu'elle a acheté 100 CHF au grossiste.	

2 Calcul du PIB

Le garagiste Ammann importe une voiture au prix de 30 000 CHF et revend cette voiture à un client au prix de 40 000 CHF.

a) Quel est le montant pris en compte dans le calcul du PIB sous l'optique de la production ? Justifiez votre réponse à l'aide de mots-clés et nommez la notion correspondante.

b) Comment serait traité le cas mentionné ci-dessus pour le calcul du PIB sous l'optique des dépenses ? Nommez les montants pris en compte ainsi que la notion correspondante.

3   Affirmations concernant le PIB

Répondez par vrai ou faux pour chacune des affirmations suivantes et corrigez celles qui sont erronées.

Vrai	Faux	Affirmation	Correction
☐	☐	Si les vieilles maisons, les véhicules d'occasion ou d'anciens tableaux sont vendus avec une marge commerciale, la valeur du PIB n'augmente pas.	
☐	☐	La variation du PIB réel donne une indication sur l'évolution du chômage et de l'inflation.	
☐	☐	L'augmentation des prix implique de manière générale que le PIB réel est plus faible que le PIB nominal.	
☐	☐	Le PIB mesure le niveau des prix d'un pays.	

4   Croissance du PIB et calcul du taux de croissance

L'Office fédéral de la statistique publie les chiffres suivants du PIB sous l'angle de la production:

En millions de francs, à prix courants

Code	Intitulé	2014		2015ᴾ		2016ᴾ	
		Emplois	Ressources	Emplois	Ressources	Emplois	Ressources
I	Compte de production						
P.1	Production		1 290 596		1 285 419		1 294 957
P.2	Consommation intermédiaire	662 275		652 642		655 976	
D.21	Impôts sur les produits		35 466		35 520		35 199
D.31	Subventions sur les produits		− 14 068		− 14 562		− 15 202
B.1*b	Produit intérieur brut	649 718		653 735		658 978	

ᴾ = provisoire   Source: Office fédéral de la statistique, 2017

a)   Calculez le taux de croissance du PIB pour 2015 et 2016.

b)   Ce calcul se réfère-t-il au PIB réel ou au PIB nominal? Justifiez votre réponse.

---

c)   Voici un tableau publié par l'Office fédéral de la statistique prenant en compte les données mentionnées ci-dessus:

Veränderung gegenüber dem Vorjahr in %, zu Preisen des Vorjahres							
		2014		**2015ᴾ**		**2016ᴾ**	
Code	**Intitulé**	Emplois	Ressources	Emplois	Ressources	Emplois	Ressources
I	Compte de production						
P.1	Production		2,3%		1,5%		1,6%
P.2	Consommation intermédiaire	2,1%		1,7%		1,7%	
D.21	Impôts sur les produits		1,3%		2,0%		0,6%
D.31	Subventions sur les produits		−0,1%		3,5%		4,9%
B.1*b	Produit intérieur brut	2,4%		1,2%		1,4%	

ᴾ = provisoire   Source: Office fédéral de la statistique, 2017

Comment expliquez-vous la différence entre les taux de croissance calculés dans l'exercice a) et les taux de croissances calculés dans l'exercice c)?

---

5   Produit intérieur brut (PIB)

Répondez par vrai ou faux pour chacune des affirmations suivantes.

Vrai	Faux	Le PIB mesure:
☐	☐	la prospérité des habitants d'un pays.
☐	☐	le niveau des prix d'un pays.
☐	☐	l'activité économique des entreprises et de l'État d'un pays.
☐	☐	la productivité d'un pays.
☐	☐	les recettes engrangées par le travail rémunéré et non rémunéré d'un pays.
☐	☐	les dépenses de consommation privée, les dépenses publiques, les investissements bruts, les exportations et les importations.

6   Produit intérieur brut (PIB)

Lequel de ces six paramètres permet mesurer au mieux la prospérité?

☐   PIB réel

☐   PIB nominal

☐   PIB réel par habitant

☐   PIB nominal par habitant

☐   Taux de croissance du PIB réel par habitant

☐   Taux de croissance du PIB nominal par habitant

7   Pertinence du PIB

Certains parents ne savent plus où donner de la tête: ils élèvent leurs enfants pendant des années et chaque automne, ils doivent s'occuper du jardin, ramasser les feuilles mortes etc. Or, ces activités ne comptent même pas comme valeur ajoutée, alors que la valeur du jardin dépend fortement du travail investi. Et qu'adviendrait-il des enfants sans éducation?

a)   Pourquoi ces deux activités ne sont-elles pas prises en compte dans le calcul du PIB?

b)   Sous quelles conditions ces deux actions pourraient-elles être prises en compte dans le PIB?

Éducation des enfants	Jardinage

c) Le PIB est souvent utilisé pour mesurer la prospérité d'un pays. Or, il existe de nombreuses activités qui sont prises en compte dans le calcul du PIB mais qui n'améliorent pas la prospérité, et qui la font même baisser. Citez deux activités qui répondent à ces critères.

_____

_____

_____

_____

_____

8   Évaluation de la répartition des revenus

a) Il est démontré dans la figure suivante que 50% des ménages les plus pauvres ne disposent que de 15% de la totalité des revenus. De combien dispose la moitié la plus riche?

_____

_____

_____

_____

_____

b) Indiquez les 50% des ménages les plus riches ainsi que la part de leurs revenus dans la figure ci-dessous.

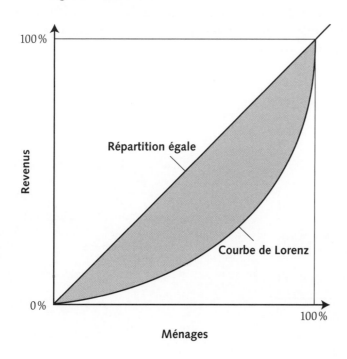

c)   Pour établir la courbe de Lorenz, la population est souvent divisée en tranches de 20% :
      des 20% les plus pauvres aux 20% les plus riches. Dans le graphique ci-dessous, construi-
      sez une courbe de Lorenz en vous basant sur les valeurs de la Suisse en 2014 et indiquez
      clairement la répartition.

Ménages suisses	Part du groupe au revenu global pour l'année 2014
20% revenus les plus bas	9%
20% revenus médians inférieurs	14%
20% revenus médians	18%
20% revenus médians supérieurs	23%
20% revenus les plus hauts	36%

Source : Office fédéral de la statistique, 2017

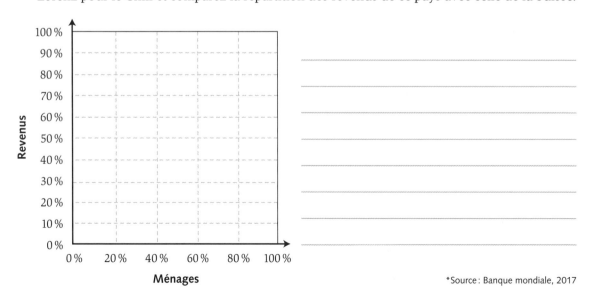

d)   Au Chili, en Amérique du Sud, la répartition des revenus est à peu près la suivante (données
      de 2015)* : les 20% des ménages les plus pauvres disposent de 5% des revenus, les 20%
      suivants de 9%, les 20% suivants de 13%, les 20% suivants de 20% et les 20% les plus
      riches de 53% de la totalité des revenus. Dans le graphique ci-dessous, tracez une courbe de
      Lorenz pour le Chili et comparez la répartition des revenus de ce pays avec celle de la Suisse.

*Source : Banque mondiale, 2017

9 Concept permettant d'analyser la croissance et la conjoncture

Dans la figure suivante, nommez les axes, la courbe ainsi que la droite. Analysez la situation économique de manière détaillée au moment des points A, B et C indiqués sur le graphique.

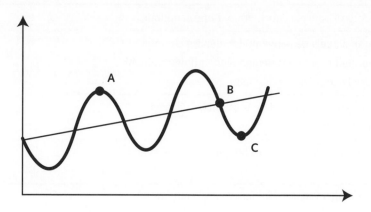

A:

_____

_____

_____

_____

_____

B:

_____

_____

_____

_____

C:

_____

_____

_____

_____

_____

10   Croissance et conjoncture

Cochez la notion correspondante.

	Croissance	Conjoncture
La demande détermine la croissance à court terme d'une économie.	☐	☐
Les facteurs de production actuels ne peuvent être étendus du jour au lendemain. C'est pourquoi ce sont les demandeurs qui déterminent comment sont utilisés ces facteurs de production.	☐	☐
Lorsque le nombre de facteurs de production augmente, la capacité de production augmente également.	☐	☐
La technologie et la dotation en capital réel et humain sont des facteurs à long terme.	☐	☐
La confiance en la valeur monétaire est une importante condition préalable pour l'économie.	☐	☐

11   Croissance

a) La production potentielle de la Suisse augmente d'environ 2% par an. Citez les deux facteurs qui permettent la croissance de la production potentielle.

b) Définissez la notion de production potentielle.

c) Qu'est-ce qui différencie la croissance de la conjoncture?

12   Changement structurel

Le changement structurel en Suisse va souvent de pair avec, entre autres, de nombreuses suppressions de postes dans le secteur primaire.

a)   Qu'entend-on par secteur primaire, secondaire et tertiaire?

b)   La suppression de postes dans le secteur primaire est-elle synonyme de succès ou d'échec économique pour l'économie suisse?

c)   Définissez la notion de productivité. Quel est le lien entre la productivité et la croissance?

13   Offre et demande dans la macroéconomie et croissance

a)   Expliquez en détails la raison pour laquelle la technologie joue un rôle essentiel pour l'offre globale et la croissance.

b)   Décrivez la manière dont les différentes catégories d'acquéreurs définissent la demande globale.

_____

_____

_____

_____

_____

_____

_____

_____

_____

_____

14   Sources de croissance

a)   Expliquez en quoi la mise en place d'une cantine et d'un service d'aide aux devoirs dans les écoles primaires peut avoir un effet positif sur la croissance.

_____

_____

_____

_____

_____

_____

b)   En quoi les dépenses actuelles en investissements pour l'éducation servent-elles à la croissance future?

_____

_____

_____

_____

_____

15   Politique de croissance

Pour chaque facteur de croissance, cochez le niveau d'influence des mesures de politique économique introduites correspondant.

Facteur	Influençable à court terme	Influençable à long terme	Non influençable
Politique économique extérieure	☐	☐	☐
Stabilité politique	☐	☐	☐
Situation géographique	☐	☐	☐
Situation financière de l'État	☐	☐	☐
Intensité de la recherche	☐	☐	☐
Situation environnementale	☐	☐	☐
Faible niveau de corruption	☐	☐	☐
Politique éducative	☐	☐	☐
Confiance dans le système juridique	☐	☐	☐
Matières premières	☐	☐	☐
Politique de concurrence	☐	☐	☐

16   Cycle conjoncturel

a)   Dans le tableau ci-dessous, insérez une flèche pointant vers le haut ou une flèche pointant vers le bas en fonction de la manière dont évoluent les facteurs mentionnés en période de récession du cycle conjoncturel.

	Salaires	Chômage	Prix	Taux d'intérêt
Récession				

b)   Dans une certaine économie, le PIB réel croît plus rapidement que la production potentielle. Quelles sont les conséquences d'une telle situation sur le marché du travail?

_____

_____

_____

_____

_____

17 Cycles conjoncturels

Reliez les affirmations A à J aux phases 1 à 4 d'un cycle conjoncturel.

1. Reprise _____   3. Repli _____

2. Haute conjoncture _____   4. Récession _____

A   La production augmente.

B   Le montant des salaires stagne et celui des bénéfices recule.

C   Il règne un sentiment d'insécurité.

D   Il y a un manque de main-d'œuvre et de nombreuses heures supplémentaires sont fournies.

E   L'économie est marquée par un taux de chômage important. Des entreprises mettent la clé sous la porte.

F   Les entreprises s'attendent à engranger des bénéfices et investissent.

G   Les unités de production tournent à plein régime.

H   L'atmosphère générale pessimiste pousse les ménages à épargner.

I   Les taux d'intérêt des crédits sont élevés.

J   Les prix des biens matériels et des services baissent de manière tendancielle.

18 Observation de la conjoncture et prévisions conjoncturelles

a)   Le centre de recherches conjoncturelles KOF de l'ETHZ publie tous les mois la situation du baromètre conjoncturel, qui émet des renseignements sur le développement économique à venir. Citez deux valeurs de mesure (indicateurs) qui se prêtent à l'élaboration de prévisions conjoncturelles.

b)   Procurez-vous sur internet la dernière communication du KOF concernant la situation du baromètre conjoncturel (www.kof.ethz.ch/fr/).
D'après le baromètre conjoncturel, dans quelle phase du cycle conjoncturel nous situons-nous (voir la figure 4.10 du manuel théorique)? Quels sont les indicateurs conjoncturels repris dans la publication?

19   Cycle conjoncturel

Répondez par vrai ou faux pour chacune des affirmations suivantes et corrigez celles qui sont erronées.

Vrai	Faux	Affirmation	Correction
☐	☐	Pendant une dépression, toutes les entreprises d'une économie sont touchées de manière égale par la crise économique.	
☐	☐	Les éléments principaux du cycle conjoncturel sont la reprise et le repli conjoncturels.	
☐	☐	Le développement à court terme d'une économie peut toujours être représenté par une droite (croissance économique linéaire).	
☐	☐	Pendant une dépression, les taux d'intérêt sont bas.	

20   Cycle conjoncturel

Tracez un cycle conjoncturel dans le graphique représenté ci-dessous. Nommez les axes correctement et indiquez le cycle ainsi que les différentes phases.

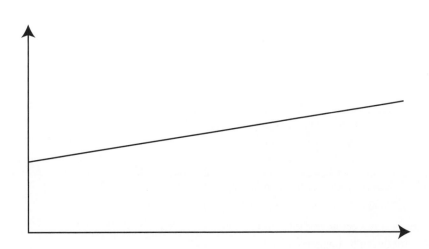

21 Cycle conjoncturel – Points d'inflexion

De temps à autre, les économies subissent de véritables crises. Les chiffres d'affaires reculent et les entreprises doivent licencier du personnel. Ces économies connaissent toutefois toujours un revirement de situation qui leur permet de trouver une issue à la crise et d'amorcer la période de reprise. Déterminez s'il existe un point d'inflexion plus bas du cycle conjoncturel qui mène à une nouvelle période de reprise pour une économie.

22 Cycle conjoncturel et prévisions conjoncturelles

Répondez par vrai ou faux pour chacune des affirmations suivantes et corrigez celles qui sont erronées.

Vrai	Faux	Affirmation	Correction
☐	☐	Les investissements, les exportations et les taux d'épargne sont des indicateurs conjoncturels coïncidents.	
☐	☐	En cas de récession dans une économie, la production potentielle diminue de manière proportionnelle.	
☐	☐	Sur le court terme, le PIB peut dépasser la production potentielle.	
☐	☐	Les postes vacants, l'évolution de la masse monétaire, l'indice boursier et le volume de commandes sont des indicateurs conjoncturels avancés.	

23 Cycle conjoncturel et prévisions conjoncturelles

a) Les cycles conjoncturels peuvent être déclenchés, entre autres, par l'État ou par des pays tiers. Citez un exemple dans lequel l'État déclenche un repli et les pays tiers une reprise.

État → repli:

_____

_____

_____

_____

Pays tiers → reprise:

_____

_____

_____

_____

b) Déterminez quand une économie se retrouve en situation de récession, d'un point de vue économique.

_____

_____

_____

_____

_____

c) À quoi servent les prévisions conjoncturelles? Pourquoi ne peut-on pas toujours s'y fier?

_____

_____

_____

_____

24 Politique conjoncturelle

Parmi les actions de l'État suivantes, laquelle peut-être considérée comme anticyclique?

☐ En situation de haute conjoncture, l'État économise plus et en situation de récession, il dépense plus.

☐ À chaque fois que les dépenses publiques croissent, l'État augmente les impôts.

☐ En situation de haute conjoncture, l'État augmente ses dépenses car les citoyens demandent plus de services publics.

☐ En situation de récession, l'État économise pour éviter une dépression.

25 Politique conjoncturelle

a) Qu'entend-on par politique conjoncturelle anticyclique?

b) En pratique, la mise en place d'une telle politique conjoncturelle anticyclique présente toutefois certains problèmes. Citez-en deux.

c) Expliquez en quoi l'assurance-chômage joue le rôle de stabilisateur automatique dans le cycle conjoncturel en période de reprise.

26   Conjoncture et politique conjoncturelle

a)   Avec quel élément mesure-t-on la conjoncture?

b)   Qui gère la politique conjoncturelle en Suisse?

c)   Quel est l'objectif de toutes les politiques conjoncturelles?

27   Politique de croissance et politique conjoncturelle

Pour chaque affirmation, cochez s'il s'agit d'un instrument de politique de croissance (Cr) ou de politique conjoncturelle (Co).

Cr	Co	
☐	☐	Expansion de l'appareil étatique par l'embauche de fonctionnaires et d'employés.
☐	☐	Suppression de normes pour réaliser des investissements le plus rapidement possible.
☐	☐	Réduction du taux de cotisation à l'assurance-chômage afin de réduire les coûts du travail et d'améliorer la compétitivité.
☐	☐	Réaliser des économies en période faste et dépenser en temps difficiles pour stimuler l'économie.
☐	☐	Baisse de la taxe sur la valeur ajoutée pour que le pouvoir d'achat des ménages augmente et pour stimuler la consommation.
☐	☐	Diminution des impôts des entreprises pour encourager les investissements.

28   Crise financière et cycle conjoncturel en Suisse

Le secrétariat d'État à l'économie (SECO) publie tous les trimestres les derniers chiffres concernant l'évolution du produit intérieur brut (PIB) de la Suisse. Le tableau ci-dessous contient les données trimestrielles du PIB de 2008 à 2009 publiées le 2 mars 2010.

Communiqué de presse du 2 mars 2010

Tableau 1

Évolution du produit intérieur brut sous l'approche des dépenses

Aux prix de l'année précédente, séries chaînées

Données trimestrielles réelles conformément au SEC 95	**Variations en % par rapport au même trimestre de l'année précédente** Valeurs corrigées des influences saisonnières							
	1/2008	**2/2008**	**3/2008**	**4/2008**	**1/2009**	**2/2009**	**3/2009**	**4/2009**
Dépenses de consommation	0,3	0,5	0,4	−0,1	0,2	0,6	0,9	0,6
Ménages	0,1	0,5	0,3	−0,2	0,3	0,4	0,8	0,4
État	1,5	0,8	0,9	0,1	−0,6	1,4	1,5	1,7
Formation brute de capital fixe	2,5	−1,7	−1,0	−1,9	−3,5	0,1	3,4	1,4
Biens d'équipement	3,0	−1,1	−1,6	−3,4	−5,6	−3,1	6,1	3,9
Construction	2,0	−2,5	−0,1	0,2	−0,9	4,0	0,3	−1,5
Demande intérieure finale	0,9	0,0	0,0	−0,6	−0,7	0,5	1,5	0,8
Demande intérieure	−1,4	−0,1	−0,9	1,7	1,4	−0,9	0,1	0,1
Exportations	1,6	3,8	−1,0	−7,7	−5,2	−2,0	3,3	1,6
Exportations de biens	2,2	3,9	−0,9	−10,0	−6,3	−1,4	4,1	2,3
Exportations de biens sans objets de valeur	0,8	5,4	−2,5	−9,6	−5,6	−1,0	3,3	3,2
Exportations de services	0,0	3,5	−1,3	−1,9	−2,7	−3,3	1,5	−0,2
Demande globale	−0,3	1,4	−0,9	−2,0	−1,0	−1,3	1,2	0,6
Importations	−2,3	4,1	−1,8	−4,9	−1,0	−3,8	2,9	0,3
Importations de biens	−2,5	5,2	−2,7	−7,4	−0,3	−5,7	3,6	−0,1
Importations de biens sans objets de valeur	−2,5	4,7	−2,7	−6,4	−1,1	−5,4	4,1	−0,2
Importations de services	−1,1	−0,9	2,3	7,1	−3,9	4,0	0,5	1,8
Produit intérieur brut	0,6	0,3	−0,5	−0,7	−1,0	−0,1	0,5	0,7

Les taux de croissance du tableau ci-dessus montrent la variation du PIB en pourcentage par rapport au trimestre précédent. Statistiquement, une récession a lieu quand les taux de croissance du PIB restent négatifs pendant deux trimestres consécutifs. La période de récession est considérée comme terminée quand les taux de croissance du PIB restent positifs pendant deux trimestres consécutifs.

a)   En vous basant sur le tableau, nommez les trimestres pendant lesquels la Suisse s'est trouvée en période de récession. Justifiez votre réponse.

_____

_____

b)   Les composants du PIB sont repris dans ce tableau sous l'approche des dépenses. Citez les composants du PIB ayant eu la plus grosse incidence sur la récession.

_____

_____

29   Crise financière et crise de l'euro

Dans la figure suivante, on compare la croissance du produit intérieur brut de la Suisse avec celui du Japon, des États-Unis et de la zone euro de 2004 à 2014. La figure provient de l'analyse des tendances conjoncturelles de l'hiver 2014/2015 du SECO.

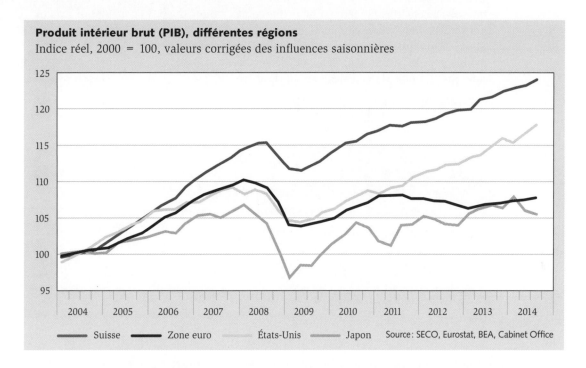

Dans son analyse des tendances conjoncturelles de l'hiver 2014/2015, le SECO déclare : « Pour toute l'année, le Groupe d'experts de la Confédération s'attend à une croissance du PIB de 1,8 %. La Suisse ferait ainsi, comme les années précédentes, bonne figure en comparaison européenne. »

a)   En quoi la figure ci-dessus montre-t-elle que jusque fin 2014, la Suisse a bien mieux géré la crise financière et de l'euro que la moyenne.

b)   En vous basant sur les chiffres du tableau de l'exercice 28, nommez les deux facteurs qui ont été décisifs dans la remontée du PIB suisse pendant le quatrième trimestre de 2009.

30   Étude de cas: Croissance dans les pays émergents

Embraer, l'Empresa Brasileira de Aernoáutica S.A., dont le siège se trouve à São José dos Campos, au Brésil, près de São Paulo, est le quatrième constructeur aéronautique du monde derrière Boeing, Airbus et Bombardier Aerospace. L'entreprise construit aussi bien des avions pour le secteur civil que pour le secteur militaire. En plus de son siège social, Embraer dispose de bureaux et de filiales en Australie, en république populaire de Chine, en France, au Portugal, à Singapour et aux États-Unis. L'entreprise est l'un des plus gros exportateurs du Brésil et emploie actuellement 18 506 personnes dans le monde, dont 95 % au Brésil*.

* N.d.T: traduction d'une partie de la page Wikipédia de l'entreprise Embraer, rédigée en allemand, janvier 2018.

Photo: Wikimedia Commons/Antônio Milena/ABR – Agência Brasil

a)   Expliquez en quoi une telle entreprise est un apport essentiel à la croissance d'un pays émergent tel que le Brésil.

_____

_____

_____

_____

_____

b)   En termes de facteurs déterminants de la productivité du travail, quelle contribution peut apporter Embraer?

_____

_____

_____

_____

_____

_____

31 Étude de cas : Situation conjoncturelle et politique conjoncturelle

La publication trimestrielle des tendances conjoncturelles du secrétariat d'État à l'économie (SECO) présente et analyse l'évolution conjoncturelle internationale et suisse ainsi que les prévisions et les risques prévisionnels. Voici quelques informations tirées de la publication de l'été 2009 :

Tendances conjoncturelles de l'été 2009 (données reprises jusqu'à mi-juin 2009)

Survol
Les perspectives économiques ont encore empiré par rapport au mois de mars. Pour 2009, le groupe d'experts s'attend à un recul du produit intérieur brut (PIB) suisse de 2,7 %. En 2010, malgré une légère reprise, l'économie devrait encore régresser de 0,4 %. Dans ce contexte, on s'attend à ce que le taux de chômage continue d'augmenter fortement en 2010.

Produit intérieur brut
Par rapport au quatrième trimestre de 2008, le PIB réel suisse a chuté de 0,8 % au premier trimestre de 2009. On note une baisse de 2,4 % du PIB par rapport au même trimestre de l'année précédente.

Production
Les secteurs de l'industrie et des services financiers ont également connu des élans de croissance négatifs au cours du premier trimestre, tandis que les services intérieurs parvenaient encore à peu près à se maintenir.

Dépenses
Au premier trimestre, le commerce extérieur a connu d'importants élans négatifs, au même titre que les investissements, et la consommation des ménages n'a connu qu'une croissance minime.

Commerce extérieur
L'effondrement des exportations de biens a continué au premier trimestre et pratiquement toutes les zones de vente et tous les secteurs ont été touchés.

Marché du travail
La baisse de l'emploi restait relativement faible jusqu'au printemps mais devrait fortement s'accentuer. Depuis novembre 2008 déjà, le taux de chômage n'a cessé d'augmenter tous les mois.*

* N.d.T : traduction des tendances conjoncturelles du SECO de juin 2009, rédigées en allemand.

a) Quelle était la situation conjoncturelle de l'économie suisse à l'époque ? Justifiez votre réponse.

b)   Comment devraient réagir l'État ou la BNS en termes de politique conjoncturelle anticyclique dans la situation économique décrite ci-dessus?

Définissez dans un premier temps le concept de politique conjoncturelle anticyclique. Puis, citez et décrivez deux mesures budgétaires et deux mesures monétaires possibles, qui seraient adaptées à la situation politique décrite ci-dessus. Pour chaque exemple, déterminez s'il s'agit d'une mesure expansionniste ou restrictive.

c)   Le concept de politique conjoncturelle anticyclique est, en théorie, simple et convaincant. En pratique, la mise en œuvre d'une telle politique présente de nombreux problèmes. Citez deux problèmes que peut poser la mise en œuvre de ce type de politique.

32   Situation conjoncturelle et politique conjoncturelle dans deux économies

Le tableau ci-dessous présente des données macroéconomiques de deux pays voisins: le pays A et le pays B. Il s'agit de deux pays de taille moyenne, très développés, disposant de leur propre devise nationale et qui s'imposent plutôt bien dans le commerce mondial. Le taux de change le plus important pour ces deux pays est le cours du dollar, exprimé en x unités monétaires (UM).

Devise du pays A = 1 USD ou x unités monétaires (UM). Devise du pays B = 1 USD.

Données macroéconomiques	Unités	Pays A		Pays B	
		2017	2018	2017	2018
Cours du dollar	x UM = 1 USD	1,4	1,8	0,8	0,8
Taux directeur de la banque centrale	en %	3,75%	0,75%	2%	2%
Croissance des dépenses de consommation de l'État	en % du BIP	−0,6%	0%	+1,1%	+9,2%

a) Cochez le type de politique conjoncturelle correspondant pour le pays A et le pays B pour l'année 2018.

		Politique conjoncturelle expansionniste	Politique conjoncturelle non active	Politique conjoncturelle restrictive
Pays A	Gouvernement	☐	☐	☐
	Banque centrale	☐	☐	☐
Pays B	Gouvernement	☐	☐	☐
	Banque centrale	☐	☐	☐

b) Donnez une raison pouvant expliquer l'évolution du taux de change du pays A.

c) Décrivez les conséquences d'une telle évolution du taux de change sur la conjoncture en termes de demande globale et de chômage dans le pays A.

d) Depuis le printemps 2018, le pays A se trouve en situation de récession. Quelles sont les données macroéconomiques manquantes qui permettraient de définir la situation conjoncturelle? Citez une raison possible qui expliquerait que les dépenses de consommation de l'État n'ont pas augmenté malgré la période de récession.

B   Notions

Associez les notions suivantes à leur définition :

Lettre	Notion		
_____	Productivité du travail	_____	Produit intérieur brut réel
_____	Les trois méthodes de calcul du PIB	_____	Récession
_____	Haute conjoncture et boom	_____	Changement structurel
_____	Conjoncture	_____	Croissance
_____	Produit intérieur brut nominal	_____	Le facteur conjoncturel déterminant
_____	Production potentielle	_____	Le facteur de croissance déterminant
_____	Sources de croissance		

A   Valeur effective produite au sein d'un pays aux prix actuels du marché.

B   PIB pouvant être atteint en cas d'utilisation optimale des facteurs de production.

C   Le PIB réel est bien en-deçà de la production potentielle et le taux de chômage augmente.

D   Offre globale qui détermine la quantité qui peut être produite.

E   Recensement de l'optique des revenus, des dépenses et de la production.

F   Quantité de biens et de services produits par heure de travail prestée.

G   Production totale de biens et de services d'une économie nationale évaluée à prix constants.

H   Demande globale qui réagit rapidement (tendance de consommation) et détermine dans quelle mesure les entreprises peuvent utiliser les facteurs de production existants.

I   Variations à court terme du PIB réel et modification à court terme du niveau d'utilisation des facteurs de production.

J   Quantité d'heures de travail prestées et productivité du travail.

K   Le PIB réel dépasse largement la production potentielle, le marché du travail est asséché et des heures supplémentaires sont prestées.

L   Modification de la structure de l'économie d'un pays, notamment en ce qui concerne l'importance relative des différentes industries.

M   Évolution à long terme du PIB réel, c'est-à-dire de la production potentielle.

C Approfondissement des connaissances

Un indicateur de bien-être propre

Auteur : Thilo Grosser

La plupart des économistes considèrent le PIB et sa croissance comme un critère de mesure et de comparaison relativement fiable et objectif et estiment qu'il s'agit d'un indicateur important du progrès d'une société. Cependant, ce concept est fortement critiqué. Depuis que le Club de Rome, commission d'experts créée dans les années 1970, a tenté de décrire dans un rapport « les limites de la croissance » dans de nombreux domaines économiques et sociaux, nombreux sont ceux qui ont souligné les dangers de la poursuite économique du « Toujours plus ! » pour l'environnement, pour les générations futures et pour la cohésion sociale. Le fait que la plupart des prévisions pessimistes du Club de Rome ne se soient pas réalisées n'est généralement pas pertinent dans l'analyse. Certains détracteurs de la croissance préconisent l'approche de ce que l'on appelle le « développement durable ». D'autres, en revanche, voudraient que la satisfaction de vivre de la population soit placée au centre des initiatives pour le progrès social.

Avons-nous donc besoin d'un nouvel indicateur global de bien-être et d'un nouveau système cible pour le développement économique et social ? Quels critères et quels objectifs devraient être pris en compte ? Tous les aspects sélectionnés devraient-ils avoir la même importance ou devraient-ils être pondérés ? De par le monde, plusieurs commissions d'experts se réunissent pour débattre de ces questions. Toutefois, tous les concepts de mesure proposés restent controversés.

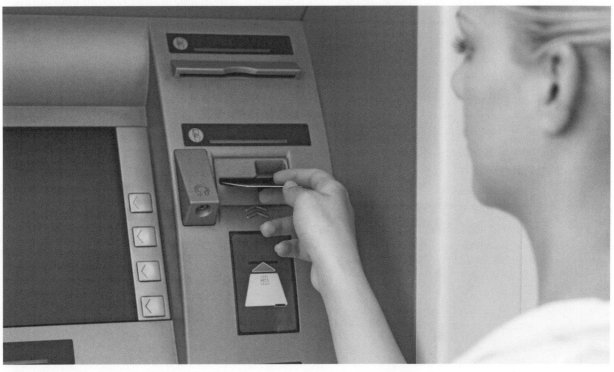

L'argent rend-il heureux ?

L'argent rend-il heureux?

Une jeune branche de l'économie ne se préoccupe ni plus ni moins que du «bonheur». Un constat fondamental de cette quête du bonheur ou de la satisfaction est que la satisfaction moyenne de l'existence dans les sociétés riches n'a pas augmenté malgré l'énorme augmentation du revenu par habitant au cours des dernières décennies (ce qu'on appelle le paradoxe d'Easterlin).

L'effet d'accoutumance explique en partie le sentiment de bonheur stagnant face à l'augmentation des revenus: on se réjouit de l'augmentation du salaire mais en quelques mois, on s'est déjà habitué à ce nouveau niveau de vie. Les graines de l'insatisfaction ont été semées et de nouveaux besoins commencent déjà à germer. Un autre résultat de l'étude du bonheur est que nous nous comparons moins à la population moyenne (revenu par habitant) mais plutôt à des personnes de notre entourage immédiat: amis, collègues, voisins. Comme nous évaluons souvent notre bonheur par rapport à des nombres relatifs plutôt qu'absolus, même une augmentation de salaire pourrait alimenter notre insatisfaction plutôt que notre satisfaction, par exemple si nous recevons une augmentation de salaire de 100 francs tandis que nos collègues reçoivent une augmentation de 200 francs. Peut-on en conclure que l'argent seul ne fait pas le bonheur? Peut-être que si. Il existe en effet une corrélation statistique entre le niveau de revenu personnel des personnes interrogées et leur estimation de leur satisfaction de vivre: plus le revenu mensuel est faible, plus cette corrélation est étroite. Ce n'est qu'à partir d'un certain seuil que l'augmentation de revenu n'a plus que très peu d'incidence sur le bien-être subjectif.

Exercices:

1. Par groupes de trois à sept personnes, créez votre propre instrument de mesure du bien-être. Quels sont d'après vous les critères indispensables à une belle vie? Cherchez à couvrir un maximum de domaines (pas seulement matériels). Appliquez à cet exercice l'une des techniques de créativité suivantes:

   - La méthode du poirier: Posez-vous la question inverse: quels sont les facteurs qui entraînent une perte de bien-être? Exemple: chômage, faible niveau d'éducation...
   - Le brainwriting: Notez un critère de bien-être en haut d'une feuille, puis faites passer la feuille à un membre de votre groupe. Celui-ci note une idée en-dessous de la vôtre et en lien avec celle-ci avant de refaire passer la feuille et ainsi de suite, jusqu'à ce que la feuille vous revienne. Exemple: assurance-chômage, faible taux de chômage, possibilités de formations continues...
   - La méthode ABC: Pour chaque lettre de l'alphabet, trouvez un critère qui influence le bien-être de manière positive. Vous pouvez citez plusieurs critères par lettre. Exemple: A - Assurance-chômage...

2. Rassemblez tous les critères que vous avez trouvés et répartissez-les dans différentes catégories. Puis, déterminez l'importance que vous accordez à chacune de ces catégories (pondération).

3. Réfléchissez à la manière dont vous pouvez utiliser les indicateurs pour mesurer chaque critère, afin de pouvoir comparer le bien-être de la population des différents pays.

Critères de bien-être	Indicateurs de mesure éventuels	Pondération (de 1 à 10)

4. Enfin, rendez-vous sur la page de l'OCDE consacrée à l'indicateur de bien-être : http://www.oecdbetterlifeindex.org/fr. Vous pouvez y consulter un classement des pays basé sur des indicateurs réels, en fonction de la façon dont vous pondérez les différents indicateurs des différents domaines de la vie. Aviez-vous défini des critères semblables ? Quelles sont les différences entre votre travail et les indicateurs mentionnés sur le site ? Comment expliquez-vous ces résultats ? À l'aide de quels indicateurs les critères de « l'indicateur du vivre mieux » sont-ils mesurés ? Dans quel pays aimeriez-vous le plus vivre, d'après votre pondération ?

5. Complétez votre liste après avoir navigué sur le site.

D Liens vers iconomix.ch

Tendances conjoncturelles

www.iconomix.ch/fr/modules/a026/

Ce module est directement lié à la publication du même nom par le Secrétariat d'Etat à l'économie (SECO), dans laquelle tous les aspects pertinents de l'économie sont réévalués une fois par trimestre. Chaque édition contient des exercices, des solutions type, un jeu de transparents et un jeu de données sur la Suisse sur fichier Excel.

Croissance et développement

www.iconomix.ch/fr/modules/a038/

Ce module aborde des questions telles que: Pourquoi la Suisse est-elle si prospère? Pourquoi d'autres pays sont-ils si pauvres? Qu'est-ce que la croissance économique? Qu'est-ce qui ne fonctionne pas dans les pays en développement et que peut-on faire pour y remédier?

Emploi et chômage

A   Exercices

1   Évaluation de la situation du marché du travail

Cochez la notion correspondante.

	Taux d'activité	Taux de chômage	Taux d'actifs occupés
Prend en compte non seulement les personnes en âge de travailler, mais également celles qui occupent actuellement un poste.	☐	☐	☐
Montre la part des personnes qui n'ont pas de travail et qui n'en trouvent pas actuellement.	☐	☐	☐
Mesure la part des 15-64 ans qui pourrait en réalité travailler.	☐	☐	☐
Est fondamental pour une croissance économique durable.	☐	☐	☐

2   Les formes de chômage

a)   Définissez d'abord le chômage conjoncturel ainsi que le chômage résiduel. Expliquez ensuite en quoi ces deux formes de chômage sont différentes.

Chômage conjoncturel :

Chômage résiduel :

Différence entre ces deux formes de chômage :

b) Les deux graphiques présentés ci-dessous comparent le nombre de postes vacants au nombre de chômeurs.

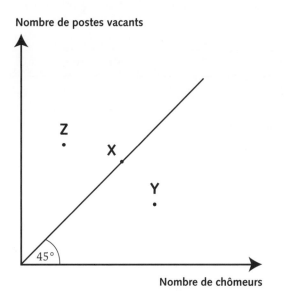

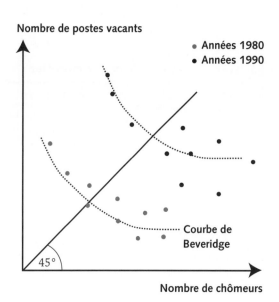

b1) Décrivez la situation du travail aux points X, Y et Z dans le graphique de gauche.

_____

_____

_____

_____

_____

_____

b2) Décrivez les différences entre la situation sur le marché de l'emploi dans les années 1980 et celle du marché de l'emploi des années 1990, représentées par la courbe de Beveridge sur le graphique de droite.*

_____

_____

_____

_____

_____

_____

_____

*Les données reprises dans les graphiques ne sont pas réelles car le nombre de postes vacants est très difficile à déterminer, mais elles donnent une indication sur la situation du marché de l'emploi suisse à cette période

3   Les formes de chômage

Répondez par vrai ou faux pour chacune des affirmations suivantes et corrigez celles qui sont erronées.

Vrai	Faux	Affirmation	Correction
☐	☐	En situation de chômage conjoncturel, le profil des chômeurs ne correspond pas au profil des postes à pourvoir.	
☐	☐	Le chômage résiduel est un terme générique qui englobe le chômage frictionnel et le chômage structurel.	
☐	☐	Le chômage frictionnel est temporaire et peut donc être un autre terme pour exprimer le chômage conjoncturel.	
☐	☐	Une situation de chômage structurel survient lorsque l'offre d'un certain type de travail diminue et que les salaires n'augmentent pas.	

4   Chômage structurel et marché du travail

Le graphique ci-dessous présente le marché du travail pour une activité qualifiée spécifique à un salaire minimum fixe. Nommez les axes et les droites et tracez ce qui pourrait déclencher une situation de chômage structurel. Décrivez ensuite cette situation de chômage structurel.

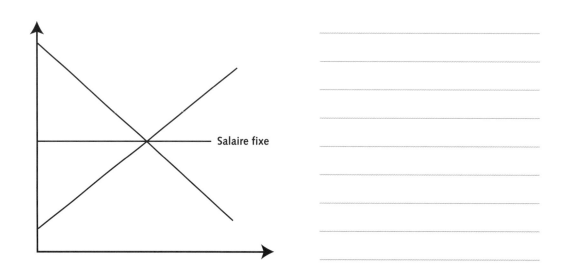

Salaire fixe

5   La fin du travail ?

Les nouvelles technologies peuvent permettre la création de nouveaux emplois. Décrivez trois manières différentes d'y parvenir.

1.

2.

3.

6 Les facteurs déterminant le chômage structurel, politique du travail en Suisse

Répondez par vrai ou faux pour chacune des affirmations suivantes et corrigez celles qui sont erronées.

Vrai	Faux	Affirmation	Correction
☐	☐	Les salaires minimum sont souvent fixés à un niveau supérieur à celui de la productivité des travailleurs concernés. Dans ce cas-ci, les employeurs sont disposés à embaucher des demandeurs d'emploi à ce salaire.	
☐	☐	Sachant qu'en cas de dégradation de la conjoncture il pourra difficilement licencier un employé, l'employeur n'est pas fortement incité à embaucher du personnel supplémentaire, même en période de conjoncture positive.	
☐	☐	Le chômage structurel peut également découler du fait que les chômeurs ne réagissent pas suffisamment vite en cas de changement structurel. Les chômeurs doivent donc être prêts à suivre des formations afin d'accroître leur employabilité.	
☐	☐	Le chômage structurel peut être endigué par une stimulation de la conjoncture ou une amélioration des formations proposées.	
☐	☐	La Suisse dispose d'un système de réglementation moins flexible et connaît donc un chômage structurel légèrement plus important que les autres pays de comparaison.	
☐	☐	Les prestations de l'assurance-chômage suisse sont composées d'une partie passive (paiement de l'indemnité pour perte de salaire) et d'une partie active comprenant des mesures censées accélérer la réintégration sur le marché du travail.	

7 Numérisation et marché du travail

L'article issu du *Tages-Anzeiger* et datant du 9 janvier 2018 exposé ci-dessous examine les conséquences de la numérisation sur le marché du travail suisse.

Lisez l'article et répondez aux questions correspondantes.

Plus de postes vacants que de chômeurs

Jamais il n'y a eu autant de postes à pourvoir. Qui a les meilleures chances de trouver un emploi sur le marché du travail actuel et quels sont les secteurs qui recrutent?

Par Peter Burkhardt

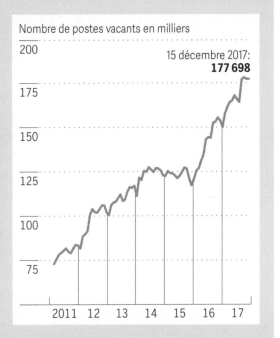

Les personnes qui cherchent un emploi en ce début d'année (2018) ont de bonnes chances d'en trouver un. En effet, jamais autant de postes n'ont été disponibles. Au cours du quatrième trimestre de l'année qui vient de s'achever (2017), près de 178 000 postes vacants ont été publiés sur les sites internet des entreprises, c'est-à-dire 22 000 ou 14 % de plus que l'année précédente. C'est ce qu'a montré le dernier Jobradar de l'entreprise X28 AG, qui dispose du meilleur moteur de recherche d'emploi en Suisse.

«Ces chiffres record reflètent un développement économique positif et une grande confiance en l'avenir de la part des entreprises», déclare Cornel Müller, président du conseil d'administration de X28. Toutefois, une partie de l'augmentation est due au fait que davantage d'offres d'emploi sont publiées en ligne.

La Confédération a confirmé l'augmentation du nombre de postes proposés. Le nombre de postes vacants signalés aux agences régionales pour l'emploi a fortement augmenté au cours des deux dernières années, en particulier dans le secteur industriel, qui avait auparavant souffert de la force du franc. D'après le dernier indice des directeurs d'achat publié la semaine dernière, de nouveaux postes seront créés dans le secteur industriel en 2018. Cet indice est l'un des indicateurs précoces les plus fiables du développement du secteur industriel. «Les choses vont extraordinairement bien en ce moment», déclare Jan-Egbert Sturm, directeur de l'unité de recherche sur les cycles conjoncturels de l'École polytechnique fédérale de Zurich. «Nous constatons effectivement une nette hausse des offres d'emplois. De plus en plus d'entreprises, en particulier dans le secteur des exportations, prévoient de créer de nouveaux postes.» Le groupe d'experts économiques de la Confédération attend une vive reprise de l'ensemble de l'économie suisse au cours des trimestres à venir.

Le Secrétariat d'État à l'économie prévoit un taux de chômage moyen de 2,9 % pour 2018. Le nombre d'environ 178 000 postes vacants est intéressant, et ce pour deux raisons. Premièrement, ce nombre est bien supérieur aux 12 000 postes vacants annoncés par les entreprises au Secrétariat d'État à l'économie fin novembre 2017. Deuxièmement, il est sensiblement plus élevé que le nombre de chômeurs enregistrés. En effet, d'après les chiffres du gouvernement fédéral, 137 000 chômeurs étaient inscrits dans les centres régionaux pour l'emploi à la fin du mois de novembre. Par conséquent, d'après le Jobradar de X28, il y aurait 41 000 postes vacants de plus qu'il n'y aurait de chômeurs.

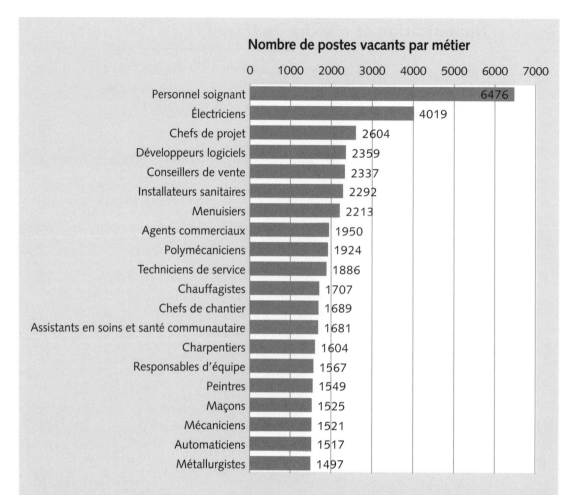

Nombre de postes vacants par métier

Métier	Nombre de postes vacants
Personnel soignant	6476
Électriciens	4019
Chefs de projet	2604
Développeurs logiciels	2359
Conseillers de vente	2337
Installateurs sanitaires	2292
Menuisiers	2213
Agents commerciaux	1950
Polymécaniciens	1924
Techniciens de service	1886
Chauffagistes	1707
Chefs de chantier	1689
Assistants en soins et santé communautaire	1681
Charpentiers	1604
Responsables d'équipe	1567
Peintres	1549
Maçons	1525
Mécaniciens	1521
Automaticiens	1517
Métallurgistes	1497

En réalité, le nombre de postes à pourvoir devrait être encore plus élevé car, d'après une enquête menée par les autorités cantonales du marché du travail, sept postes sur dix ne sont pas publiés par les entreprises sur leur site internet. Le plupart des postes sont pourvus de manière informelle, à la suite d'une candidature spontanée ou via des procédures internes.

Toutefois, il existe un écart entre la demande et l'offre. Depuis des années, la Suisse forme trop peu d'artisans, de techniciens, d'informaticiens et de personnel soignant. En outre, les compétences recherchées sur le marché du travail, l'âge ou les tâches à effectuer ne correspondent souvent pas aux connaissances ou aux souhaits des demandeurs d'emploi. En termes de pourcentage, l'augmentation du nombre de postes vacants la plus nette en 2017 concernait les secteurs orientés vers l'exportation tels que l'horlogerie et la bijouterie, l'ingénierie électrique et médicale, l'industrie pharmaceutique et chimique, la construction mécanique, l'industrie métallurgique et le commerce de gros.

On note également une forte augmentation du nombres de postes vacants de spécialistes de banques de données, de spécialistes internet, d'administrateurs informatiques, d'experts en sécurité informatique, de programmeurs, de développeurs logiciels, de spécialistes systèmes, d'ingénieurs et de techniciens. Cette hausse reflète l'avancée de la numérisation. Au quatrième trimestre 2016, le métier d'automaticien occupait la 25e place du classement des métiers les plus recherchés et, un an plus tard, était déjà monté à la 19e place. Sur la même période, le métier de polymécanicien est passé de la 17e à la 9e place. La demande en spécialistes des métiers de l'artisanat est particulièrement marquante. Même au XXIe siècle, le monde du travail en Suisse n'est pas dominé par les employés de bureau ou par les universitaires. Parmi les 25 métiers les plus recherchés, 20 nécessitent un apprentissage (installateur sanitaire, charpentier, métallurgiste ou paysagiste). D'après Cornel Müller, «les craintes généralisées de voir la numérisation entraîner une augmentation du taux de chômage sont infondées». La demande toujours croissante d'emplois peu qualifiés tels que déménageur, personnel de nettoyage ou travail intérimaire vient corroborer ces dires. En parallèle, de nouveaux métiers voient le jour, comme analyste en big data, Digital Change Manager, conseiller en médias sociaux ou encore spécialiste SEO. Bernhard Weber (SECO) déclare: «La numérisation touche toutes les industries et s'invite dans tous les secteurs et domaines d'une entreprise. Par conséquent, certains profils de métier sont amenés à disparaître, mais de nouveaux seront créés. Dans l'ensemble, il ne faut pas s'attendre à une baisse de l'emploi, les changements structurels passés l'ont déjà prouvé.»

Source: *Tages-Anzeiger*, 9 janvier 2018

a) Pourquoi les demandeurs d'emploi avaient-ils de bonnes chance de trouver un travail début 2018?

b) Comment peut-on expliquer cette situation?

c) Pourquoi admettons-nous que le nombre réel de postes à pourvoir est bien supérieur au nombre officiel?

d) Expliquez la raison pour laquelle il existe un très grand écart entre l'offre et la demande sur le marché du travail.

e) Depuis début 2018, le nombre de postes vacants dans le secteur de l'industrie augmente. Quelles sont les raisons citées pour expliquer ce phénomène?

f)   En quoi la demande de main-d'œuvre montre-t-elle que la numérisation dans l'économie suisse progresse encore?

_____

_____

g)   L'article soutient que la crainte de voir la numérisation faire augmenter le chômage est infondée. Quelles sont les raisons évoquées pour justifier cette affirmation?

_____

_____

h)   Comment évaluez-vous vos propres chances de trouver un emploi? Justifiez votre réponse.

_____

_____

_____

i)   Comment la situation de l'emploi et du chômage a-t-elle évolué en Suisse depuis début 2018? Veuillez vous référer aux données les plus récentes. Le SECO (www.seco.admin.ch/fr) public ce type de données tous les mois.

_____

_____

8   Étude de cas: Marché du travail

Le Secrétariat d'État à l'économie (SECO) publie tous les mois un rapport concernant la situation sur le marché du travail. Vous pouvez le consulter sur le site du SECO: *www.seco.admin.ch/ seco/fr/home.html* → *Communiqués de presse* → *La situation sur le marché du travail.*

a)   Procurez-vous sur internet le communiqué de presse mensuel le plus récent relatant la situation sur le marché du travail et décrivez les variations du chômage les plus significatives.

_____

_____

_____

_____

_____

_____

b)   Téléchargez le fichier intitulé «La situation sur le marché du travail» du mois de référence sur le site du SECO et lisez attentivement le rapport, car toutes les notions sont explicitement définies sur les dernières pages.

Puis, répondez aux questions suivantes concernant le document du mois de référence:

b1) Quelles sont les différentes caractéristiques prises en compte dans le document pour analyser le chômage?

_____

_____

_____

_____

_____

_____

b2) Décrivez de manière détaillée les différents facteurs qui accroissent le risque de perdre son emploi.

_____

_____

_____

_____

_____

_____

_____

_____

9   Crise financière et marché du travail

a)   La figure suivante compare l'évolution du chômage en Suisse avec celle du Japon, des États-Unis et de la zone euro sur la période allant de 2000 à 2017.

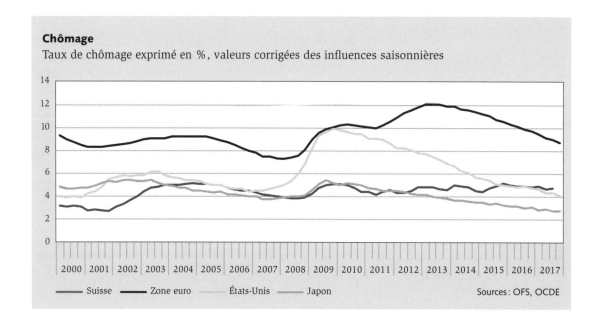

Comparez l'évolution du chômage en Suisse avec celle du Japon, des États-Unis et de la zone euro pendant la crise financière.

b)   La décision du gouvernement fédéral de prolonger la durée de perception des indemnités d'activité partielle est une mesure de politique conjoncturelle particulièrement importante, mise en place pendant la crise financière. La durée de perception a donc été augmentée en février 2009, passant de 12 à 18 mois, puis en mars 2010, quand elle est passée à 24 mois.

Serge Gaillard, directeur de la direction du travail auprès du SECO à l'époque, avait donné son avis sur la question lors d'une interview avec le quotidien *Thurgauer Zeitung* datant du 30 mars 2010.

La mise en place de l'activité partielle a été particulièrement onéreuse pendant cette crise. Pourquoi?

Lors de cette récession, le volume des commandes dans le secteur de l'industrie s'est effondré. Dans certains secteurs, cet effondrement atteignait 50 à 60%. Ce n'est que grâce à l'activité partielle que l'on a pu éviter une vague incontrôlée de licenciements. Les entreprises ont ainsi pu garder leurs employés, sachant qu'un tel effondrement ne pouvait engendrer qu'une reprise rapide. A posteriori, on peut conclure que l'activité partielle s'est avérée utile.

Utile peut-être, mais il reste évident que les dépenses de l'assurance-chômage ont été colossales.

Si les personnes qui sont actuellement en situation d'activité partielle avaient perdu leur emploi, les dépenses de l'assurance-chômage auraient été encore plus lourdes. Au lieu de financer l'activité partielle, on aurait dû financer des indemnités de chômage.

La crise est-elle réellement la seule responsable de cette augmentation de l'activité partielle? On a beaucoup entendu que l'octroi de ces indemnités a été fait de manière particulièrement généreuse.

Certes, la crise est grandement responsable de cette situation. Moi-même je n'ai jamais connu une récession pendant laquelle le volume des commandes dans le secteur de l'industrie chutait de manière aussi significative. Mais il est vrai qu'une des raisons du recours massif à l'activité partielle est le fait que les entreprises s'efforcent plus qu'autrefois de garder leur personnel spécialisé et hautement qualifié.

Si les entreprises étaient en mesure de se prendre elles-mêmes en charge, pourquoi les indemnités d'activité partielle étaient-elles nécessaires?

Car l'activité partielle a permis de maintenir des emplois, ce qui est dans l'intérêt de tous. Nous avons calculé que l'année dernière, environ 20 000 postes ont pu être maintenus grâce à l'activité partielle. Sans cette mesure, le taux de chômage aurait augmenté de 0,5% en 2009. L'activité partielle n'est pas gratuite pour les entreprises. Celles-ci doivent continuer à prendre en charge la capacité de production, la recherche ainsi que le marketing. Il existe également une franchise, qui, sur le court terme, est plus onéreuse pour l'employeur qu'un licenciement.

Source: *Thurgauer Zeitung*, 30 mars 2010

b1) Pourquoi l'activité partielle a-t-elle été autant employée lors de cette période de récession?

_____

_____

_____

_____

b2) Quels sont les avantages de cet instrument de la politique du travail?

_____

_____

_____

_____

10   Marché du travail et chômage

a) En décembre 2017, le conglomérat américain General Electric a annoncé une suppression de 1400 postes dans le canton d'Argovie, sur les sites de Baden, Birr et Oberentfelden. En Europe, 4500 postes devraient être supprimés.

Tracez un graphique décrivant les conséquences de cette vague de licenciement sur le marché du travail dans le canton d'Argovie. Nommez correctement les différents éléments du graphique.

b) Pourquoi le chômage est-il néfaste pour une économie? Citez trois raisons.

c)   Le tableau ci-dessous reprend les données du marché du travail d'un pays.

Année	2016	2017	2018
Postes vacants (déclarés)	359 348	466 288	477 528
Nombre de chômeurs	3 238 421	2 975 836	2 896 985
Taux de chômage en %	7,7	7,1	6,8

Les données de ce tableau correspondent-elles aux données du marché du travail suisse ? Justifiez votre réponse.

_____

_____

11   Marché du travail en Grande-Bretagne

Après 1974, un changement en profondeur s'est opéré en Grand-Bretagne. En effet, dans les années 1970 et 1980, le marché du travail britannique a subi des changements considérables. Ces modifications ont particulièrement touché les anciennes industries comme le charbon, l'acier ou encore la construction navale. L'arrivée de nouvelles technologies telles que les technologies microélectroniques a entraîné des mesures de rationalisation et des suppressions de postes. Malgré des mesures de promotion de l'emploi et une reprise économique au milieu des années 1980, le taux de chômage est passé de 4,3 à 9,3 %.

a)   Le graphique ci-dessous reprend la courbe de Beveridge de la Grande-Bretagne avant 1974. Indiquez sur ce graphique les changements considérables survenus après 1974.

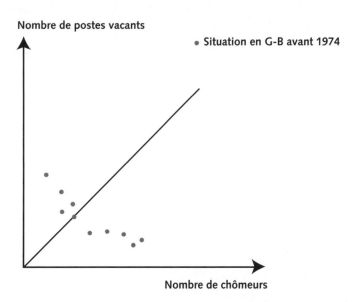

b)   Nommez et expliquez le type de chômage qui a augmenté de manière considérable dans les années 1970 et 1980.

_____

_____

B   Notions

Associez les notions suivantes à leur définition:

Lettre	Notion		
	Taux de chômage		Chômage frictionnel
	Mesures du marché du travail		Chômage conjoncturel
	Réglementation du marché du travail		Coût salarial unitaire
	Courbe de Beveridge		Chômage résiduel
	Population active		Chômage structurel
	Taux d'activité		Négociations salariales centralisées
	Taux d'actifs occupés		

A   Personnes âgées de 15 à 64 ans pouvant ou souhaitant travailler.

B   Pourcentage des personnes souhaitant travailler sans emploi, mesuré comme le rapport entre les chômeurs et la population active.

C   Pourcentage de personnes actives dans la population âgée de 15 à 64 ans.

D   Pourcentage de la population en âge de travailler (de 15 à 64 ans) ayant un emploi rémunéré.

E   Chômage survenant en phase de ralentissement économique lorsque le nombre de chômeurs excède celui des postes vacants en raison du tassement de la demande économique globale.

F   Somme du chômage frictionnel et du chômage structurel. Le nombre de postes vacants est égal au nombre de chômeurs.

G   Chômage lié au délai d'ajustement nécessaire à la recherche d'un nouvel emploi (indépendamment de la conjoncture). On parle aussi de chômage naturel.

H   Situation de chômage dans laquelle les qualifications des personnes au chômage ne correspondent pas aux profils des postes à pourvoir.

I   Organisation du marché du travail par des lois et des règlements.

J   Ensemble des mesures permettant de maintenir l'aptitude au placement des personnes au chômage et de soutenir leur réintégration rapide dans le monde du travail.

K   Coût salarial par bien ou service produit.

L   Représentation graphique de la relation entre le nombre de chômeurs et le nombre de postes vacants.

M   Négociations salariales entre les représentants des employeurs et des employés, dont les résultats valent pour toute la branche concernée.

C   Approfondissement des connaissances

Le débat sur le salaire minimum : pour ou contre

Le 23 janvier 2012, les organisations syndicales et le parti socialiste suisse ont remis à la Chancellerie fédérale une pétition de 110 000 signatures pour l'initiative « Pour la protection de salaires équitables (initiative sur les salaires minimums) ». Cette initiative appelait la Confédération et les cantons à introduire des salaires minimums contraignants dans tout le pays. Selon l'initiative, le taux horaire minimum devrait s'élever à 22 francs de l'heure, soit 4 000 francs par mois. L'initiative a d'abord été traitée par le Conseil fédéral, puis par le Parlement. Un référendum populaire s'est tenu le 18 mai 2014. Les comités pour et contre l'initiative ont résumé leurs arguments comme suit :

Comité du pour (Union syndicale suisse, USS)

Voter en faveur de l'initiative sur le salaire minimum c'est garantir des salaires équitables permettant de vivre décemment.

La Suisse est l'un des pays les plus riches du monde. Ce sont les travailleurs qui ont créé cette richesse. Néanmoins, près d'un dixième des travailleurs gagne moins de 22 francs de l'heure, et donc moins de 4000 francs par mois ramené à 12 mois par an. Le fait que 330 000 personnes qui travaillent dur gagnent si peu est indigne et une honte pour le pays riche qu'est la Suisse. De nombreux métiers sont touchés, de la vendeuse de chaussures à l'hôtesse de l'air en passant par l'horticulteur.

Voter en faveur de l'initiative sur le salaire minimum, c'est protéger les salaires suisses contre le dumping salarial et les entreprises équitables contre la concurrence bon-marché.

Certains employeurs, intéressés par leur seul profit, font baisser les salaires de leurs employés dans leur propre intérêt. Grâce à cette initiative, nous pouvons leur barrer la route. En effet, si on introduit un salaire minimum pour tous, les patrons ne pourront plus mettre en compétition les travailleurs suisses et les travailleurs étrangers en faisant du dumping salarial. Ils ne pourront plus non plus offrir des prix moins élevés que leur concurrents grâce à des salaires bas.

Cette initiative profiterait à tout le monde : les employeurs qui paient des salaires décents ne devront plus craindre la concurrence déloyale, les contribuables ne devront plus combler les pertes par le truchement des aides sociales et les personnes recevant un salaire peu élevé auront plus d'argent pour vivre, ce qui renforcera l'économie et permettra de créer de l'emploi et du pouvoir d'achat.

Un salaire minimum de 4000 francs doit-il être introduit en Suisse ?

Comité du contre (comité apolitique du non)

En quoi le salaire minimum détruit des emplois

De quoi s'agit-il?

Le 18 mai, nous voterons pour ou contre l'initiative sur le salaire minimum introduite par l'Union syndicale suisse. L'USS appelle la Confédération à instaurer un salaire minimum légal de 22 francs de l'heure, continuellement adaptable à l'évolution des salaires et des prix. En outre, il est demandé à la Confédération et aux cantons de promouvoir le salaire minimum dans les conventions collectives de travail. Si cette initiative est introduite, la Suisse aura le salaire minimum le plus élevé du monde, et de loin.

Non au salaire minimum néfaste

Les syndicats affirment que leur initiative protégera les travailleurs ayant un bas salaire. En réalité, c'est l'inverse qui se produira : l'initiative nuira aux plus faibles sur le marché du travail. Des exemples à l'étranger montrent que les jeunes entrant sur le marché du travail, les personnes qui se réorientent et les personnes les moins qualifiées sont désavantagées par un salaire minimum élevé. Les pays où un salaire minimum est en vigueur voient les travailleurs plus fragiles se faire plus souvent remplacer par des machines ou du personnel mieux qualifié et plus productif. Les plus touchés sont les jeunes professionnels. Le salaire minimum légal entrave leur entrée sur le marché du travail. Si les employeurs doivent déjà payer un salaire minimum, ils préfèrent embaucher une personne avec de l'expérience.

De nombreuses femmes, en particulier dans les zones rurales, occupent un emploi à temps partiel à proximité de leur lieu de résidence afin de gagner un revenu supplémentaire pour subvenir aux besoins de leur famille. Ce sont ces emplois que le salaire minimum de 22 francs de l'heure demandé par les syndicats mettrait en péril car de nombreuses petites entreprises ne sont pas en mesure de payer ce salaire plus élevé.

Exercices :

1. Organisez un premier vote au sein de votre classe sur la question du salaire minimum (vote à bulletin secret, initiative sur le salaire minimum : pour ou contre). Affichez ensuite les résultats.

2. Répartissez la classe en cinq groupes. Au sein de votre groupe, discutez des avantages et des inconvénients du salaire minimum. Recherchez des informations concernant le salaire minimum en Suisse sur internet et complétez la liste des avantages et des inconvénients en fonction de ce que vous aurez trouvé.

3. Au sein de votre groupe, organisez un nouveau vote, sur base des recherches effectuées. Rassemblez les résultats de tous les groupes. Le résultat du vote a-t-il changé ? Si oui, quelles en sont les raisons ?

4. Comparez le résultat du vote de votre classe avec celui du référendum suisse. Le 18 mai 2014, tous les cantons ont rejeté l'initiative sur le salaire minimum. Avec 76,3 % de voix contre elle, l'initiative a été fortement rejetée. Quelles raisons pourraient expliquer cette cuisante défaite ? Trouvez quelques réponses sur ce site internet : www.zora.uzh.ch/id/eprint/104371/1/vox115_hauptergebnisse.pdf (document en allemand, non traduit).

D   Liens vers iconomix.ch

Offre et demande

www.iconomix.ch/de/unterrichtsmaterial/a002/ (lien en allemand, non traduit)

Ce jeu en groupe permet aux apprenants de se mettre dans la peau de demandeurs d'emploi et d'employeurs. Ils découvrent ainsi l'offre et la demande de travail ainsi que l'équilibre du marché.

Différences salariales

www.iconomix.ch/fr/modules/m01/

Ce module examine les raisons permettant d'expliquer les écarts de salaires. On comprend que le niveau des salaires dépend de divers facteurs économiques, mais aussi de nombreux autres facteurs tels que les aspects d'équité et les traits de personnalité.

Monnaie et stabilité des prix

A   Exercices

1   Calculer l'inflation

a)   Définissez l'inflation et expliquez comment elle est calculée.

b)   Le graphique suivant de l'Office fédéral de la statistique (OFS) présente la composition et la pondération d'un panier-type pour l'indice des prix à la consommation de l'année 2017.

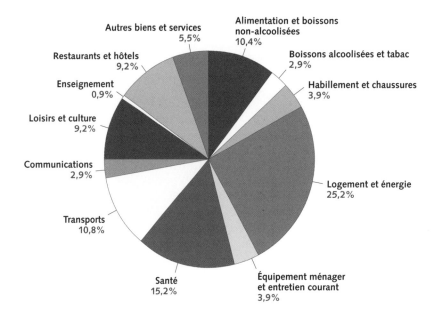

Comparez vos dépenses mensuelles avec le panier-type. Votre consommation correspond-elle à la pondération du panier-type?

2 Calculer le renchérissement

L'Office fédéral de la statistique (OFS) calcule tous les mois le renchérissement moyen annuel en appliquant la méthode d'indice : la valeur du panier-type est indexée à une date spécifique, c'est-à-dire fixée à la valeur de base, 100 (100 %). L'OFS indique à la deuxième ligne du tableau ci-dessous la date à laquelle la valeur de base a été fixée. 12 1982 signifie, par exemple, qu'en décembre 1982 la valeur de base d'un panier-type était établie à 100. Les valeurs de base sont régulièrement fixées à 100, pour que les nombres de l'indice ne deviennent pas trop grands.

Important : pour analyser les valeurs d'indice sur une période spécifique, il faut veiller à ne comparer que des valeurs avec la même année de base.

Évolution annuelle moyenne de l'indice

Année	Indice sur la base										en %
	06.1914	08.1939	09.1966	09.1977	12.1982	05.1993	05.2000	12.2005	12.2010	12.2015	
1980	567,6	413,7	183,1	108,6	87,1	62,9	59,3	56,4	54,1	55,6	4,0
1981	604,4	440,6	195,0	115,7	92,8	67,0	63,2	60,0	57,6	59,2	6,5
1982	638,6	465,5	206,0	122,2	98,0	70,8	66,7	63,4	60,9	62,5	5,7
1983	657,4	479,2	212,1	125,8	100,9	72,9	68,7	65,3	62,6	64,4	2,9
1984	676,6	493,2	218,3	129,5	103,9	75,0	70,7	67,2	64,5	66,3	2,9
1985	699,9	510,2	225,8	133,9	107,4	77,6	73,1	69,5	66,7	68,5	3,4
1986	705,1	514,0	227,5	134,9	108,2	78,2	73,7	70,0	67,2	69,1	0,8
1987	715,3	521,4	230,8	136,9	109,8	79,3	74,7	71,0	68,2	70,1	1,4
1988	728,7	531,2	235,1	139,5	111,8	80,8	76,1	72,3	69,4	71,4	1,9
1989	751,7	547,9	242,5	143,9	115,4	83,3	78,5	74,6	71,6	73,6	3,2
1990	792,3	577,5	255,6	151,6	121,6	87,8	82,8	78,7	75,5	77,6	5,4
1991	838,7	611,4	270,6	160,5	128,7	93,0	87,6	83,3	79,9	82,1	5,9
1992	872,6	636,0	281,5	167,0	133,9	96,7	91,2	86,6	83,2	85,5	4,0
1993	901,3	657,0	290,8	172,5	138,3	99,9	94,2	89,5	85,9	88,3	3,3
1994	909,0	662,6	293,3	174,0	139,5	100,8	95,0	90,3	86,6	89,0	0,9
1995	925,3	674,5	298,6	177,1	142,0	102,6	96,7	91,9	88,2	90,6	1,8
1996	932,9	680,0	301,0	178,5	143,2	103,4	97,5	92,6	88,9	91,4	0,8
1997	937,7	683,5	302,5	179,5	143,9	103,9	98,0	93,1	89,4	91,8	0,5
1998	937,9	683,6	302,6	179,5	144,0	104,0	98,0	93,1	89,4	91,9	0,0
1999	945,4	689,2	305,0	180,9	145,1	104,8	98,8	93,9	90,1	92,6	0,8
2000	960,2	699,9	309,8	183,8	147,4	106,4	100,3	95,3	91,5	94,0	1,6
2001	969,7	706,8	312,9	185,6	148,8	107,5	101,3	96,3	92,4	95,0	1,0
2002	975,9	711,4	314,9	186,8	149,8	108,2	102,0	96,9	93,0	95,6	0,6
2003	982,1	715,9	316,9	188,0	150,7	108,9	102,6	97,5	93,6	96,2	0,6
2004	990,0	721,7	319,4	189,5	152,0	109,7	103,4	98,3	94,3	97,0	0,8
2005	1.001,6	730,1	323,2	191,7	153,7	111,0	104,7	99,4	95,5	98,1	1,2
2006	1.012,2	737,8	326,6	193,7	155,4	112,2	105,8	100,5	96,5	99,1	1,1
2007	1.019,6	743,3	329,0	195,1	156,5	113,0	106,5	101,2	97,2	99,9	0,7
2008	1.044,4	761,3	337,0	199,9	160,3	115,8	109,1	103,7	99,5	102,3	2,4
2009	1.039,4	757,6	335,3	198,9	159,5	115,2	108,6	103,2	99,0	101,8	-0,5
2010	1.046,5	762,8	337,6	200,3	160,6	116,0	109,4	103,9	99,7	102,5	0,7
2011	1.049,0	764,6	338,5	200,7	161,0	116,3	109,6	104,1	100,0	102,7	0,2
2012	1.041,7	759,3	336,1	199,4	159,9	115,5	108,8	103,4	99,3	102,0	-0,7
2013	1.039,4	757,7	335,4	198,9	159,5	115,2	108,6	103,2	99,1	101,8	-0,2
2014	1.039,2	757,5	335,3	198,9	159,5	115,2	108,6	103,2	99,0	101,8	0,0
2015	1.027,4	748,9	331,5	196,6	157,7	113,9	107,4	102,0	97,9	100,6	-1,1
2016	1.022,9	745,6	330,0	195,8	157,0	113,4	106,9	101,6	97,5	100,2	-0,4
2017	1.028,4	749,6	331,8	196,8	157,8	114,0	107,5	102,1	98,0	100,7	0,5

Source : Office fédéral de la statistique, 2017

Le taux de renchérissement en pourcentage peut se calculer de la manière suivante :

$$\text{Renchérissement sur la période X en \%} = \frac{(\text{valeur finale de l'indice} - \text{valeur initiale de l'indice}) \times 100}{\text{valeur initiale}}$$

Exemple :
Calcul du renchérissement de l'année 1992
Valeur initiale 1991 :   128,7 points d'indice
Valeur finale 1992 :   133,9 points d'indice

$(133,9 - 128,7) \div (128,7) \times 100 = 4,0404 = 4,0\%$

Exercices :
Calculez le taux de renchérissement annuel moyen pour les périodes suivantes : 1980-1985, 1985-1990, 1990-1995, 1995-2000, 2000-2005, 2005-2010, 2010-2015 et 2015-2017.
Calculez la moyenne simplifiée, de sorte que le renchérissement soit réparti sur la période en fonction du nombre d'années. Étant donné que le taux de renchérissement prend en compte les variations sur deux années, veillez à n'inclure que 5 taux annuels et non 6 pour le calcul des périodes mentionnées ci-dessus (exemple : 1980-1985). Le premier calcul (sur la base de septembre 1977) a déjà été réalisé et sert d'exemple pour les prochains. Quelles sont les tendances que l'on peut constater ? Comment jugez-vous cette évolution ?

Renchérissement 1980-1985 :   4,7% [(133,9 − 108,6) ÷ 108,6 × 100 ÷ 5 taux annuels]

Renchérissement 1985-1990 :

Renchérissement 1990-1995 :

Renchérissement 1995-2000 :

Renchérissement 2000-2005 :

Renchérissement 2005-2010 :

Renchérissement 2010-2015 :

Renchérissement 2015-2017 :

Tendances et remarques :

3 Inflation

a) Le pouvoir d'achat de la monnaie diminue en période d'inflation. Illustrez cette affirmation par un exemple concret.

b) Expliquez en quoi l'inflation peut éventuellement être bénéfique à l'emprunteur.

4 Inflation

Comme l'indice des prix à la consommation en 2018 atteignait 120 points (sur base de l'indice de 2000 = 100 points), on peut en tirer les conclusions suivantes (répondez par vrai ou faux pour chacune des affirmations) :

Vrai	Faux	Affirmation
☐	☐	Dans les années 2000, les gens étaient 20% plus pauvres.
☐	☐	Pour que le pouvoir d'achat de 2018 atteigne le même niveau que celui de 2000, il aurait fallu que les revenus augmentent d'environ 20% entre les deux périodes.
☐	☐	Les salaires ont augmenté d'environ 20% entre 2000 et 2018.

5 Les fonctions de la monnaie

Citez les fonctions les plus importantes de la monnaie et donnez un exemple pour chacune d'entre elles.

6 Création monétaire et masse monétaire

a) Victor dépose 2500 CHF en liquide sur son compte épargne au guichet de la Banque cantonale de Fribourg. La Banque cantonale utilise pleinement son taux de réserves obligatoires et octroie un crédit de 2125 CHF à Giovanna grâce à ce dépôt monétaire. Avec cet argent, Giovanna achète une armoire murale dans un magasin de meuble par virement bancaire.

Calculez la capacité de création monétaire maximale par les banques commerciales à la suite de ce versement.

b) Indiquez les conséquences des différentes opérations indiquées ci-dessous pour les masses monétaires mentionnées. Remplissez toutes les cases à l'aide des symboles suivants : ⬆ (Augmentation), ⬇ (Diminution), ≈ (Pas de changement, aucune incidence).

Opération BNS: Banque nationale suisse BC: Banque commerciale	Monnaie centrale	M1	M2	M3
La BNS augmente le taux pour les opérations de pension de titres par l'intermédiaire des BC.				
Michael retire de l'argent liquide de son compte de placement chez Regiobank.				
Aujourd'hui, la BNS vend une somme importante d'euros pour influer sur le taux de change de l'euro.				
Avec l'argent liquide qu'il vient de retirer, Michael règle la facture impayée de ses manuels scolaires auprès de son école professionnelle.				
Le compte épargne de Claire sera crédité du dépôt à terme effectué il y a onze mois.				

7 Création monétaire et banque centrale

a) Expliquez en quoi la «création monétaire par les banques commerciales» est intrinsèquement limitée.

b) Donnez un exemple de la capacité de création monétaire d'une banque commerciale grâce à un dépôt d'argent en espèces de 10 000 CHF d'un client.

c) Citez trois caractéristiques fondamentales de la BNS, qui la distinguent des banques commerciales.

1.

2.

3.

8 Création monétaire et prospérité

Dans un pays pauvre, la population n'a pas assez d'argent pour acheter ne serait-ce que les biens de première nécessité. La banque centrale ne pourrait-elle pas simplement imprimer de nouveaux billets et les distribuer à la population? Analysez cette proposition à l'aide de mots-clés.

9 Coûts de l'inflation

a) Pourquoi l'inflation effective est-elle surévaluée dans l'indice des prix à la consommation (IPC) ?

b) Répondez par vrai ou faux pour chacune des affirmations suivantes et corrigez celles qui sont erronées.

Vrai	Faux	Affirmation	Correction
☐	☐	Avec un taux d'intérêt de crédit de 3 % et un taux d'inflation de 2 %, le créancier ne perçoit pas de revenu réel sur ce crédit.	
☐	☐	Les employeurs et les employés se sont mis d'accord sur un salaire minimal. Or, l'inflation est plus élevée que prévu, ce qui avantage les employeurs au détriment des employés.	
☐	☐	Quand les acteurs économiques s'attendent à ce que l'inflation remonte, les taux d'épargne augmentent également.	
☐	☐	Des grèves nationales continuelles ont un effet déflationnaire.	

c)   Pour chaque situation, cochez la notion correspondante.

	Coûts de transaction	Coûts d'incertitude	Distorsion des prix relatifs	Coûts pour les créanciers	Progression à froid
En situation d'inflation élevée, les espèces sont liquidées dans l'achat de biens matériels durables. Souvent, les biens immobiliers sont payés à un prix trop élevé.	☐	☐	☐	☐	☐
En situation d'inflation élevée, les salaires sont souvent augmentés. Malheureusement, il ne reste plus grand chose en net, car l'administration fiscale prélève également davantage.	☐	☐	☐	☐	☐
Quand l'argent perd continuellement de sa valeur, les réserves en espèces tendent à diminuer et de nombreuses personnes retirent plus souvent de l'argent au distributeur de billets.	☐	☐	☐	☐	☐
L'inflation entraîne la dévaluation des dettes, ce qui est un avantage pour les emprunteurs.	☐	☐	☐	☐	☐
L'inflation entraîne des prévisions inflationnistes et donc des efforts supplémentaires pour se protéger des éventuels risques à venir.	☐	☐	☐	☐	☐
Les prévisions inflationnistes font grimper les taux, ce qui freine sensiblement l'activité économique.	☐	☐	☐	☐	☐

10   Déflation

«En période de déflation, le pouvoir d'achat de la monnaie augmente. C'est pourquoi la déflation est économiquement avantageuse sur le long terme.»
Analysez cette affirmation à l'aide des questions posées ci-dessous.

a)   Définissez la notion de «déflation».

_____

_____

_____

b)   Dans quelle situation économique générale une déflation peut-elle survenir?

_____

_____

c)   Analysez l'affirmation selon laquelle une déflation serait économiquement avantageuse.

11   La relation entre la monnaie et l'inflation

Indiquez l'équation quantitative de la monnaie et décrivez, à l'aide de cette équation, les conséquences possibles d'une augmentation de la masse monétaire par la banque centrale.

Équation quantitative:

Conséquences:

12   Politique monétaire de la BNS

a)   Décrivez la manière dont la BNS peut piloter la masse monétaire par l'intermédiaire de la politique de marché ouvert.

b)   Définissez la notion de «Libor».

c)   Répondez par vrai ou faux pour chacune des affirmations suivantes.

Vrai	Faux	Affirmations
☐	☐	La Banque nationale suisse indique son orientation de politique monétaire en augmentant ou en abaissant la marge de fluctuation du Libor à trois mois. Une diminution de la marge signifie que la BNS applique une politique monétaire plus expansionniste.
☐	☐	En augmentant la masse monétaire, la BNS peut contribuer à la lutte contre le chômage conjoncturel.
☐	☐	50 % des billets de francs suisses en circulation doivent être couverts par leur contre-valeur en or.

d)   De septembre à décembre, une banque centrale a mis en œuvre une initiative de politique monétaire, reprise dans les bilans ci-dessous. Les données sont exprimées en millions de la monnaie locale.

Bilan de la banque centrale au 31 août			
Or	1300	Billets de banque en circulation	1450
Titres domestiques	650	Comptes de virement des banques commerciales	800
Titres étrangers	500	Réserves	2700
Devises	2000		
Autres actifs	500		
	4950		4950

Bilan de la banque centrale au 31 décembre			
Or	1300	Billets de banque en circulation	1450
Titres domestiques	860	Comptes de virement des banques commerciales	1200
Titres étrangers	690	Réserves	2700
Devises	2000		
Autres actifs	500		
	5350		5350

Comparez ces deux bilans. Répondez aux questions suivantes en vous appuyant sur les données contenues dans ces bilans.

d1) Quelle est le type de politique monétaire mis en œuvre par la banque centrale ?

d2) Quel a été l'instrument de politique monétaire utilisé?

13   La stratégie de politique monétaire de la Banque centrale

a) Aidez-vous des données de l'exercice 2 pour calculer le renchérissement annuel moyen de la Suisse sur la période allant de 2009 à 2017.

b) Analysez ce taux d'inflation du point de vue de la Banque nationale suisse (BNS) et justifiez votre réponse.

c) Rendez-vous sur le site internet «Notre Banque nationale» de la BNS (our.snb.ch). Cliquez sur l'onglet «La mise en œuvre de la politique monétaire» et retrouvez la vidéo intitulée «Gros plan sur les pensions de titres» dans la rubrique sur la politique monétaire.

Lien direct:
our.snb.ch/fr/monetary-policy/

Regardez la vidéo et insérez les notions suivantes dans le textes à trous ci-dessous:
Libor à trois mois, banque commerciale, liquidités, vente, titres, économie, taux d'intérêt.

Les pensions de titres: instrument indispensable de la politique monétaire

La notion de «Repo» (pensions de titres) vient du terme technique anglais *Repurchase Agreement* (accord de rachat). Ce terme décrit une _____ de titres, dont l'accord stipule que ces mêmes titres seront rachetés à une date ultérieure. Il s'agit d'un prêt garanti par ces _____.

Pour une pension de titres, la Banque nationale achète des obligations de première qualité auprès d'une _____. La banque commerciale reçoit donc des _____ de la BNS sous forme d'avoir sur son compte.

Cependant, ces fonds ne sont disponibles que pour une durée limitée, car par la vente de titres, la banque commerciale conclut un accord de rachat de ces mêmes titres avec la Banque nationale. Pendant la durée de la pension de titres, la banque doit s'acquitter du _____ de cette pension auprès de la BNS. La pension de titres permet à la Banque nationale d'influer sur les liquidités de l' _____ et, indirectement, sur son taux de référence de la politique monétaire, le _____.

Texte basé sur la brochure INPUT 5/2005, la Banque nationale, p. 15

14 Stratégies de lutte contre l'inflation de la BNS

Pour lutter contre l'inflation, la BNS diminue la masse monétaire. Quelles sont les conséquences d'une telle mesure ? Répondez par vrai ou faux pour chacune des affirmations suivantes et corrigez celles qui sont erronées.

Vrai	Faux	Affirmation	Correction
☐	☐	Quand il y a moins de monnaie en circulation, les taux d'intérêt augmentent.	
☐	☐	Quand il y a moins d'argent alloué à la consommation on note une augmentation des demandes de crédits à la consommation.	
☐	☐	Les entreprises investissent moins.	
☐	☐	Les crédits deviennent plus chers.	
☐	☐	À court terme, le taux de chômage aura tendance à augmenter.	

15   Politique monétaire de la BNS

Dans le cadre de sa politique monétaire, la BNS a fixé la limite du taux d'inflation à 2%
pour maintenir la stabilité des prix. Supposons que la BNS prévoit une inflation de 1% et
un taux de chômage de 4,1% sur les deux à trois années à venir.

a)   Expliquez la raison pour laquelle la BNS mettrait en place une politique monétaire
expansionniste dans ces conditions. Justifiez votre réponse à l'aide de mots-clés.

b)   Citez deux instruments différents que la BNS pourrait employer pour la mise en œuvre de
sa politique monétaire.

c)   Dans quelle situation une politique monétaire restrictive pourrait-elle être mise en œuvre?

16   Analyse de données économiques

Le tableau ci-dessous reprend les données macroéconomiques d'un pays pour les années 2017 et 2018.

Données macroéconomiques	Unité	2017	2018
Habitants	en millions	20	21
PIB nominal	en milliards d'USD	300	318
Croissance du PIB réel	pourcentage	+ 2,7 %	+ 0,3 %
Taux de chômage	pourcentage	4,2 %	4,8 %
IPC	points d'indice	117	122
Taux d'exploitation de la production potentielle	pourcentage	89 %	78 %

a)   À quel niveau se situait l'inflation en 2018? Analysez le taux de renchérissement.

b)   L'affirmation suivante est-elle vraie ou fausse? Justifiez votre réponse.

«La performance économique du pays s'est nettement améliorée en 2018 car le PIB nominal a augmenté de 6 %.»

c)   Dans quelle situation économique se trouve le pays en 2018? Justifiez votre analyse à l'aide des données macroéconomiques reprises ci-dessus.

B   Notions

Associez les notions suivantes à leur définition:

Lettre	Notion		
....	Déflation	....	M2
....	Politique monétaire expansionniste	....	Politique de marché ouvert
....	Multiplicateur monétaire	....	Politique monétaire restrictive
....	Monnaie	....	Compte courant
....	Masse monétaire	....	Vitesse de circulation de la monnaie
....	Inflation	....	Indice des prix à la consommation
....	Spirale des prix et des salaires		

A   La banque centrale diminue la masse monétaire.

B   Indice qui mesure l'évolution des prix d'une sélection de biens représentative de la consommation des ménages suisses (panier-type).

C   Facteur d'accroissement monétaire via la création de crédits par le système bancaire.

D   La banque centrale augmente la masse monétaire.

E   Politique de la banque centrale consistant à acheter et à vendre des actifs (principalement des titres) pour atteindre ses objectifs de politique monétaire.

F   Cette masse monétaire est la somme de la masse monétaire M1 et des comptes d'épargne.

G   Compte bancaire dont les dépôts se font sous forme d'épargne et d'investissement et qui sert à effectuer des paiements.

H   Nombre de transactions effectuées pendant une période donnée avec une unité monétaire.

I   Monnaie en circulation, disponible comme moyen de paiement.

J   Moyen de paiement généralement accepté qui permet le traitement efficace de transactions dans une économie basée sur la division du travail.

K   Baisse du niveau général des prix, souvent calculée en tant que variation des prix pour un panier-type spécifique et exprimée en pourcentage.

L   Mécanisme autoalimenté par lequel une hausse des prix entraîne une hausse des salaires qui se traduit par de nouvelles hausses de prix.

M   Hausse du niveau général des prix, souvent calculée en tant que variation des prix pour un panier-type spécifique et exprimée en pourcentage.

C   Approfondissement des connaissances

Comment puis-je apprendre à gérer mon argent?

Auteur : Thilo Grosser

S'endetter n'est pas à la mode chez les jeunes adultes. Et si les 18-24 ans contractent un crédit, ils s'emploient généralement à le rembourser. La gestion d'un budget présente néanmoins certains risques qui peuvent mettre les jeunes en difficulté financière.

Comme le montre le bref aperçu, outre le fait de connaître l'état de ses finances et les risques liés à la contraction de dettes, il est nécessaire d'avoir une situation personnelle aussi stable que possible pour éviter d'avoir des problèmes d'argent. Il est également indiqué de demander conseil ou de l'aide auprès de parents, d'amis ou de centres de conseils. Il serait déraisonnable pour un acteur économique indépendant de suivre l'adage selon lequel «on ne doit pas parler d'argent». En groupe, vous pouvez comparer vos différentes approches vis-à-vis de l'argent.

De nombreuses raisons peuvent expliquer la contraction de dettes à titre privé:
- Chômage
- Baisse de revenus ou faibles revenus
- Prise d'indépendance échouée
- Méconnaissance de sa situation financière
- Consommation excessive
- Pas de prévoyance sociale ou d'assurance
- Manque d'expérience dans les relations avec les banques
- Problèmes psychiques ou de dépendance
- Divorce ou séparation

Exercices :

1. Formez des groupes de travail. Au sein de ces groupes, réfléchissez à une question financière qui touche votre vie personnelle. Vous pouvez envisager différentes problématiques :
   - Consommation : Comment puis-je limiter les achats spontanés ? Comment puis-je limiter les risques liés à la complexité de la tarification de la téléphonie mobile ?
   - Économies : Comment et combien puis-je épargner ?
   - Dettes : Ai-je besoin de contracter un crédit ?
   - Assurances : Quelles sont celles dont j'ai besoin ?

2. Au sein de votre groupe de travail, trouvez des solutions permettant de parer aux difficultés financières de chaque problématique soulevée. Tournez-vous également vers les membres de votre famille et vos connaissances. Quelles leçons ont-ils tirées de leurs soucis financiers ? Proposez vos solutions et discutez-les en classe.
   - Se fixer des limites peut être une solution pour mieux gérer ses dépenses. Il s'agit d'une méthode permettant de résister à la tentation dès le départ (nous étudierons plus tard le frein à l'endettement des États). En se fixant soi-même des limites, à l'aide d'une carte prépayée par exemple, il est possible de garder une vue d'ensemble sur ses dépenses et de maintenir une certaine discipline. Les cartes de crédit incitent à dépenser plus et augmentent le risque d'endettement. Expliquez en quoi et pourquoi votre comportement face aux dépenses se trouve modifié si vous ne payez vos dépenses quotidiennes qu'avec de l'argent liquide.
   - Les personnes en formation peuvent obtenir un crédit auprès de leur banque pour payer cette formation. Listez les coûts d'un prêt à la formation accordé par une banque.
   - Quelles sont les raisons qui vous inciteraient à contracter un crédit ? Justifiez votre choix et expliquez ce que vous feriez pour éviter d'être en situation de ne pas pouvoir régler vos dettes.

3. Après la discussion de groupe, cherchez des prestataires de service spécialisés d'une part dans la formation de capital et d'autre part dans le conseil aux personnes endettées. Faites la distinction entre les prestataires neutres et ceux qui cherchent à vendre.

Une consommation frénétique peut conduire à l'endettement.

D   Liens vers iconomix.ch

Pouvoir d'achat

www.iconomix.ch/fr/modules/a007/

Ce module explique comment calculer la variation du pouvoir d'achat, quels facteurs ont une influence sur le pouvoir d'achat et comment celui-ci a évolué au cours du siècle dernier. Les apprenants analysent des données statistiques et en tirent des enseignements importants sur le pouvoir d'achat.

Renchérissement

www.iconomix.ch/de/unterrichtsmaterial/a023/ (lien en allemand, non traduit)

Ce module explique ce que signifie le terme «renchérissement» et comment il est calculé à l'aide du panier-type. Il explique également les conséquences de l'inflation.

Masse monétaire et prix

www.iconomix.ch/fr/modules/a030/

Ce module est consacré à la relation entre la masse monétaire et l'évolution des prix. Les apprenants se familiarisent avec les différents types de masse monétaire ainsi qu'avec le concept de multiplicateur monétaire. Ils apprennent également qu'une forte augmentation de la masse monétaire n'entraîne pas forcément une inflation.

Politique monétaire

www.iconomix.ch/fr/modules/m04/

Ce module propose un jeu de rôle pour expliquer les objectifs fondamentaux d'une banque centrale moderne ainsi que la signification du taux directeur, instrument de la politique monétaire. Il montre également les corrélations entre le taux directeur et les deux variables cibles que sont l'inflation et la conjoncture.

Les banques et la stabilité financière

A   Exercices

1   Les banques comme acteurs intermédiaires du circuit économique

a)   Expliquez pourquoi les ménages disposent généralement d'un excédent d'offres et les entreprises d'un excédent de demandes en ressources financières.

b)   Décrivez la manière dont les banques peuvent fournir du capital aux entreprises.

c)   Comment une banque finance-t-elle son intermédiation de crédit?

2   Le rôle économique des banques

Une entreprise suisse spécialisée dans l'énergie solaire prévoit de développer un nouveau produit. Elle contracte auprès de sa banque principale un prêt d'investissement s'étalant sur cinq ans et joint à sa demande de crédit les documents demandés par la banque : le plan d'affaires pour le projet d'investissement ainsi que les rapports annuels des dernières années. Après examen détaillé du dossier, la banque octroie le prêt à l'entreprise.

Expliquez comment, dans ce cas-ci, la banque remplit et met en œuvre ses trois fonctions économiques.

a)   Transformation des échéances

b)   Mise à disposition d'informations

c)   Répartition des risques

3   Les risques liés aux activités bancaires

a)   Les banques disposent de très peu de fonds propres, par rapport aux entreprises industrielles par exemple. Quel risque cela implique-t-il pour les banques ?

b)   Qu'entend-on par «risque de liquidité»?

_____

_____

_____

_____

_____

c)   Pourquoi le risque de défaut de crédit peut-il mettre une banque en situation d'insolvabilité?

_____

_____

_____

_____

_____

d)   De quelle manière la FINMA tente-t-elle de réduire les risques liés à l'activité bancaire par la mise en œuvre de réglementations gouvernementales?

_____

_____

_____

_____

_____

_____

4   Le rôle économique des banques

Parmi les affirmations suivantes, cochez celles qui sont vraies.

☐ Les banques transforment les échéances en regroupant divers placements à court terme et en les prêtant sous forme de crédits à long terme.

☐ La loi des grands nombres assure une meilleure répartition des risques liés à l'octroi de prêts par une banque.

☐ La minimisation des risques par la mise à disposition de transactions est une autre fonction des banques.

☐ Pour éviter une panique bancaire, une banque doit se plier à de nombreuses réglementations. Conformément à celles-ci, la banque doit toujours avoir à disposition un montant minimum de liquidités.

☐ Aucune des affirmations mentionnées ci-dessus n'est exacte.

5   Réglementation en matière de fonds propres pour les banques

a)   Expliquez pourquoi la BRI coordonne les exigences en matière de fonds propres des banques dans le monde.

b)   Pourquoi les banques doivent-elles disposer de suffisamment de fonds propres pour se protéger contre le risque de faillite?

6   Réglementation en matière de liquidités pour les banques

a)   La panique bancaire est une menace pour l'existence des banques. Expliquez cette affirmation en détaillant les différents liens.

b)   À l'aide de quels instruments une panique bancaire peut-elle être évitée?

7 «Too-big-to-fail» – Origines et solutions possibles

a) Pourquoi certaines banques sont-elles «Too-big-to-fail» (trop grandes pour faire faillite)?

b) Comment le problème du «Too-big-to-fail» peut-il être géré?

8 «Too-big-to-fail» – Sauvetage d'UBS lors de la crise financière de 2008

Le 16 octobre 2008, la grande banque UBS a été sauvée de la faillite par le Conseil fédéral et la Banque nationale, qui ont respectivement débloqué 6 milliards et 54 milliards de francs pour lui venir en aide. La raison invoquée était qu'UBS était d'une importance systémique pour l'économie suisse et donc «Too-big-to-fail». Quels avaient été alors les faits cités concernant l'importance systémique pour justifier le sauvetage d'UBS par la Conseil fédéral et la BNS? Trouvez la réponse sur internet.

9   Réglementation bancaire en Suisse

La FINMA et la BNS sont responsables de la réglementation bancaire en Suisse.
Pour chaque activité mentionnée ci-dessous, cochez l'institution correspondante.

	BNS Banque nationale suisse	**FINMA** Autorité fédérale de surveillance des marchés financiers
Vérification de la bonne gestion des banques, notamment en ce qui concerne les exigences en matière de fonds propres et de liquidités.	☐	☐
Surveillance des marchés financiers afin d'évaluer si des risques pour la stabilité financière peuvent survenir.	☐	☐
Prise en charge de la surveillance microprudentielle des banques et des autres acteurs des marchés financiers.	☐	☐
En cas de crise, des crédits à court terme sont octroyés aux banques à des conditions spéciales.	☐	☐
L'objectif de ces mesures est la stabilité des marchés financiers. Un système financier instable peut déclencher des crises économiques très importantes.	☐	☐
Les interventions empêchent la conclusion d'accords, qui pourraient abroger le fonctionnement du mécanisme des prix.	☐	☐

10   Étude de cas : Hypo Alpe Adria

La banque autrichienne Hypo Alpe Adria a été à l'origine de nombreux scandales. Les actifs et passifs de cette banque ont été transférés chez Heta, une « bad bank ». Celle-ci avait pour but de traiter les prêts non productifs. Elle limite son activité à l'utilisation des fonds reçus pour satisfaire, dans la mesure du possible, les créances impayées des prêteurs.
Lisez l'article de journal présenté ci-dessous et répondez aux questions posées.

L'Autriche tire la sonnette d'alarme sur la banque à scandale

Un nouveau chapitre vient d'être ajouté à la tragédie de la banque à scandale autrichienne Hypo Alpe Adria. Le gouvernement autrichien refuse d'injecter de nouveaux fonds dans le successeur de la banque Hypo, la « bad bank » Heta, après qu'un nouveau déficit de fonds propres estimé à plusieurs milliards a été découvert. Il a été annoncé dimanche soir que le cas d'Heta doit à présent être traité par l'Autorité autrichienne des marchés financiers, le FMA. Tout d'abord, un moratoire sur le remboursement de la dette sera décrété jusqu'en juin 2016. Mais il est possible que les créanciers doivent faire face à une décote du remboursement de la dette. Ce faisant, l'État reconnaît partiellement qu'il ne sera pas seul responsable de la récupération du solde de la banque Hypo.

Un important déficit de fonds propres

Heta avait acquis environ 18 milliards d'euros d'actifs auprès de Hypo Alpe Adria. Or, la plupart de ces actifs va être perdue, d'après une étude réalisée par deux auditeurs. Il a été estimé dimanche soir, que le déficit de fonds propres se situerait entre 4 et 7,6 milliards. Cette estimation a mis l'État autrichien dans l'embarras. En effet, l'État aurait dû rapidement combler le déficit afin qu'Heta puisse continuer à tenir ses engagements… Or, Vienne a préféré tirer la sonnette d'alarme. Même si l'Autriche a déjà injecté 5,5 milliards d'euros de capital à la suite de la nationalisation d'urgence de la banque Hypo Alpe Adria, l'État refuse désormais de débloquer plus de capital pour aider la banque. Deux solutions étaient donc envisageables : la mise en faillite ou une liquidation régulée. Les responsables ont opté pour la deuxième solution. […] Le FMA prendra les rennes d'Herta et établira un plan pour organiser la liquidation.

Moratoire sur le remboursement de la dette

Les autorités de surveillance ont déjà posé les premiers jalons en imposant un moratoire sur le remboursement de la dette jusqu'en juin 2016. Jusqu'à cette échéance, les obligations ne seront pas remboursées et les intérêts ne seront pas payés. Selon le FMA, les obligations, les prêts accordés contre des reconnaissances de dettes et les capitaux subordonnés représentent à eux seuls un volume d'encours de plus de 9,8 milliards d'euros. […] Tous les créanciers doivent craindre de devoir renoncer à une partie de leurs créances à la suite de la liquidation de Heta. Une réduction de la dette est donc à prévoir.

Les responsables ont à nouveau refusé la mise en faillite de la banque. Selon le FMA, une faillite coûterait plus cher et mettrait en danger la stabilité des marchés financiers. […]

Un flot de poursuites judiciaires ?

Cependant, si la dette est réduite, il faut s'attendre à une avalanche de procès contre la Carinthie et probablement aussi contre la Confédération. La plupart des créanciers de l'ancienne Hypo Alpe Adria doivent se faire à l'idée qu'une réduction de la dette est plus qu'envisageable.

Source : Extraits de *Neue Zürcher Zeitung*, 1er mars 2015

a) Quelle tragédie a encore frappé la banque Hypo Alpe Adria ?

_____

_____

_____

_____

b) Quelles sont les solutions possibles pour Heta ?

_____

_____

_____

_____

_____

c) Toutefois, l'insolvabilité mettrait en péril la stabilité financière. Expliquez cette affirmation.

d) Comment le cas de Heta sera-t-il traité? Nommez ceux à qui profiteront ces mesures et ceux qui seront les perdants.

e) Quelle est l'avancée du processus de liquidation? Cherchez la réponse sur internet et notez vos observations.

B   Notions

Associez les notions suivantes à leur définition:

Lettre	Notion		
	Panique bancaire		Risque de liquidité
	Transformation des échéances		Marché financier
	Insolvabilité		FINMA
	Intermédiaire		Banque universelle
	Exigences en matière de capitaux propres		Too-big-to-fail
	Risque de défaut de crédit		Ratio de levier
	Opérations de commissions		

A   Une entreprise est surendettée et doit par conséquent déposer le bilan.

B   La faillite de certaines banques pourrait éventuellement mettre d'autres banques en danger, c'est pourquoi leur faillite doit être évitée.

C   Les clients se précipitent massivement à leur banque pour retirer immédiatement leur argent.

D   Les banques octroient des crédits aux entreprises, qu'elles financent grâce à l'épargne des ménages.

E   Une banque ne dispose pas de suffisamment de liquidités pour répondre à la demande des créanciers tiers qui souhaitent retirer leurs avoirs.

F   Lieu où sont négociés les investissements à court terme et les capitaux à long terme.

G   La Banque est rémunérée par le client pour le service fourni.

H   Un emprunteur est dans l'incapacité de rembourser son crédit auprès de la banque prêteuse.

I   Supervise les principaux acteurs des marchés monétaires et des capitaux en Suisse.

J   Les banques utilisent les épargnes à court terme pour financer les investissements à long terme.

K   Banque opérant dans les principaux secteurs bancaires.

L   Les banques doivent toujours détenir une certaine part minimale de leurs fonds propres.

M   Rapport entre les capitaux étrangers et les capitaux propres.

C   Approfondissement des connaissances

Les conséquences de la crise économique et financière en Europe

Exercices:

1. Lisez l'encadré «Les origines de la crise de l'euro» à la page 266 du manuel.
2. L'illustration du manuel montre l'évolution des taux d'intérêt pour la dette publique depuis la période précédant l'introduction de l'euro jusqu'après l'éclatement de la crise. Inscrivez (approximativement) l'évolution de la crise de l'euro sur la frise chronologique.
3. Répartissez-vous en quatre groupes de travail. Au sein de votre groupe, cherchez des informations sur le déroulement et les particularités de la crise de l'euro en Grèce, en Irlande, en Espagne et au Portugal. Présentez brièvement les résultats de vos recherches.
4. Face à la crise de l'euro, certains appellent les pays forts de la zone euro à venir en aide aux pays frappés par la crise. D'autres réclament l'abandon de l'euro. Menez une discussion finale sur la crise de l'euro. Quelle est votre position et comment la justifiez-vous?

La Grèce, centre de convergence de la crise de l'euro.

D   Liens vers iconomix.ch

Actions et obligations

www.iconomix.ch/fr/modules/a035/

Ce module présente les deux formes de placement que sont les actions et les obligations. Il est expliqué quels sont les possibilités de gains et les risques associés au marché des actions et des obligations. Le module fournit également les bases pour une meilleure compréhension de l'actualité financière.

Challenge en ligne sur vos connaissances financières

www.iconomix.ch/fr/modules/a041/

Les connaissances financières sont une partie importante de la culture financière, au même titre que les aptitudes et attitudes pertinentes. Le challenge en ligne d'iconomix vise précisément à renforcer ces connaissances.

Qu'est-ce que qu'une banque?

www.iconomix.ch/fr/modules/a034/

Ce module est consacré au secteur bancaire et à son importance pour l'économie suisse. Les apprenants découvrent les tâches et les activités d'une banque ainsi que le problème du « Too-big-to-fail ».

Finances publiques

A Exercices

1 Développement des administrations publiques

a) Le tableau ci-dessous présente le bilan des administrations publiques pour la période allant de 2014 à 2016. Dans le graphique situé sous le tableau, retrouvez les comptes (excédent et déficit) de la période allant de 2000 à 2015 ainsi que les prévisions pour 2016 (P16).

Millions de CHF	2014	2015	2016 (prévisions)	15/16 en %
Confédération (dont comptes spéciaux)				
Recettes	69 944	69 251	69 370	0,2
Dépenses	64 749	66 545	67 498	1,4
Solde	**5 194**	**2 706**	**1 872**	
Kantone				
Recettes	82 832	86 100	87 330	1,4
Dépenses	85 208	88 583	86 787	–2,0
Solde	**–2 376**	**–2 482**	**543**	
Gemeinden				
Recettes	45 430	46 835	47 412	1,2
Dépenses	46 329	47 262	47 605	0,7
Solde	**–899**	**–427**	**–193**	
Sozialversicherungen				
Recettes	61 958	62 281	62 670	0,6
Dépenses	59 802	60 605	61 960	2,2
Solde	**2 156**	**1 676**	**710**	
Staat				
Recettes	206 530	214 534	215 702	0,5
Dépenses	207 454	213 062	212 770	–0,1
Solde (sans transferts entre secteurs)	**–924**	**1 472**	**2 932**	

Source : Administration fédérale des finances (AFF)

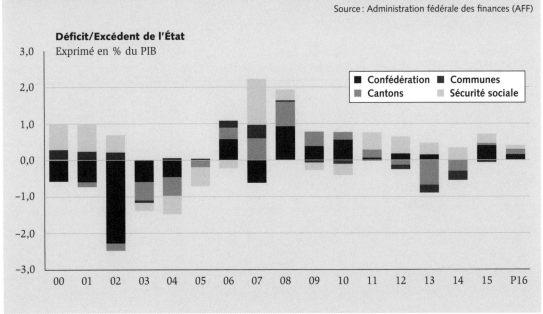

Déficit/Excédent de l'État
Exprimé en % du PIB

Légende : Confédération ■ Communes ■ Cantons ■ Sécurité sociale

Il est important de maintenir un budget équilibré sur l'ensemble des cycles conjoncturels pour garantir la durabilité des finances publiques. En effet, une augmentation continue de la dette signale en fin de compte qu'un pays n'est pas en mesure de financer ses dépenses avec ses recettes ordinaires.

Analysez dans quelle mesure les comptes repris ci-dessus sur la période allant de 2000 à 2016 répondent aux critères de durabilité des finances publiques.

b) Citez l'article de presse suivant.

Comptes 2017 : il pleut des milliards

Ueli Maurer, chef du département fédéral des finances, annoncera le 14 février 2018 à Berne que le budget fédéral 2017 n'a pas été clôturé avec un déficit de 250 millions de francs, comme prévu, mais bien avec un excédent de 2,8 milliards de francs. Le budget national réel 2017 a même enregistré un excédent de 4,8 milliards de francs. Celui-ci est dû principalement aux recettes engendrées par l'impôt anticipé, découlant des dividendes élevés. L'écart important entre les prévisions et les résultats obtenus donnera lieu à des discussions à Berne. Il est maintenant de notoriété publique que le département des finances table toujours sur un avenir sombre et formule ainsi des objectifs d'économies ambitieux. Toutefois, on a rarement vu un écart aussi important entre les prévisions et les résultats qu'en 2017.

Source : *Tages-Anzeiger*, 14 et 15 février 2018

Pourquoi le déficit de 250 millions de francs prévu au budget de la Confédération s'est-il transformé en un excédent de 2,8 milliards de francs en 2017 ? Pourquoi les prévisions du département fédéral des finances sont-elles souvent plus pessimistes que les résultats réels ?

2   Taux d'endettement public

Le tableau présenté ci-dessous reprend les chiffres du taux d'endettement de la Suisse (endettement brut de l'État et de la sécurité sociale obligatoire exprimée en pourcentage du PIB), comparé à d'autres pays du monde.

Comparaison internationale du taux d'endettement	2000	2005	2010	2016
Suisse	46,3	45,8	31,9	29,8
UE des 27	60,1	61,5	78,4	83,2
Allemagne	58,9	67,0	80,9	68,1
France	58,6	67,1	81,6	96,5
Italie	105,1	101,9	115,4	132,0
Autriche	65,7	68,3	82,4	83,6
Belgique	108,8	94,7	99,7	105,7
Pays-Bas	51,7	49,2	59,3	61,8
Suède	50,8	49,2	38,6	42,2
Royaume-Uni	37,0	39,9	75,6	88,3
États-Unis	54,7	60,4	90,4	104,9

Source : Réserve fédérale, Administration fédérale des finances, Eurostat

Analysez l'évolution du taux d'endettement public de la Suisse et comparez-la avec les chiffres d'autres pays. Quelles tendances remarquez-vous ?

1. Évolution en Suisse

2. Comparaison avec d'autres pays

3 Crise financière et dette

Entre 2008 et 2010, de nombreux pays ont mis en œuvre de vastes programmes publics de relance économique et des mesures visant à soutenir les banques menacées afin de lutter contre la crise économique.

Quelles ont été les conséquences de ces mesures en termes d'endettement? Reportez-vous aux taux d'endettement de l'exercice 2 et analysez leur évolution sur la période mentionnée. Quelles seront les conséquences à long terme de cette évolution?

4 Quote-part de l'État

Le tableau ci-dessous présente une comparaison internationale des quote-parts de différents États.

Quote-part de l'État

Selon l'avis de certains représentants politiques, les dépenses publiques de la Suisse sont bien trop élevées. Or, à l'échelle internationale, la Suisse est l'un des pays les plus économes.

	Quote-part de l'État en 2005, exprimée en % du PIB			Quote-part de l'État en 2015, exprimée en % du PIB	
1	Suisse	33,9	1	Suisse	33,5
2	États-Unis	36,4	2	États-Unis	37,6
3	Royaume-Uni	40,6	3	Royaume-Uni	42,4
4	Pays-Bas	42,3	4	Allemagne	43,8
5	UE des 27	45,8	5	Pays-Bas	44,7
6	Allemagne	46,2	6	UE des 27	47,0
7	Italie	47,1	7	Suède	50,0
8	Autriche	51,2	8	Italie	50,1
9	Belgique	51,4	9	Autriche	50,9
10	Suède	52,7	10	Belgique	53,8
11	France	52,9	11	France	56,6

Source: Eurostat, OCDE

Examinez les données chiffrées reprises dans le tableau, puis répondez par vrai ou faux pour chaque affirmation et corrigez celles qui sont erronées.

Vrai	Faux	Affirmation	Correction
☐	☐	La Suisse a maintenu sa place à la tête du classement et a même réussi à diminuer sa quote-part.	
☐	☐	À l'exception de la Suisse, la quote-part a augmenté dans tous les autres pays.	
☐	☐	La différence entre le pays avec la quote-part la plus faible et le pays avec la quote-part la plus élevée était plus importante en 2005 qu'en 2015.	
☐	☐	La Grande-Bretagne est parvenue à maintenir sa place dans le classement et ses dépenses publiques sont restées au même niveau.	
☐	☐	Une quote-part élevée n'est pas forcément synonyme de problèmes économiques au sein d'un pays.	

5   Types d'impôts

Indiquez les caractéristiques importantes des principales formes de financement public dans le tableau ci-dessous.

Forme de financement → Caractéristique ↓	Impôt direct Exemple: taxe communale	Impôt indirect Exemple: taxe sur la valeur ajoutée	Émolument Exemple: établissement d'un passeport
Objet de l'impôt			
Contribuable (soumis à l'impôt)			
Spécificité			

6   Coûts de la fiscalité

a)   Pourquoi la perception des impôts engendre-t-elle toujours une perte de bien-être?

b)   Sous quelles conditions les activités de l'État financées par l'impôt permettraient-elles d'augmenter le bien-être?

7   Coûts de la fiscalité

L'État prélève un impôt de 1,50 CHF par unité sur le produit Y, dont le fournisseur doit s'acquitter. Le graphique ci-dessous montre le prix du marché du produit Y avant la perception de l'impôt.

a)   Sur la graphique, indiquez l'impôt de 1,50 CHF par unité ainsi que les données suivantes en différentes couleurs :

SC :   Surplus du consommateur après perception de l'impôt
P_C :   Prix à la consommation après perception de l'impôt
t :   Impôt par unité à verser
RF :   Rentrées fiscales
SP :   Surplus du producteur après perception de l'impôt
P_P :   Prix au producteur après perception de l'impôt
PBE :   Perte de bien-être
Q_1 :   Quantité du marché avant perception de l'impôt
Q_2 :   Quantité du marché après perception de l'impôt
P_1 :   Prix du marché avant perception de l'impôt
P_2 :   Prix du marché après perception de l'impôt

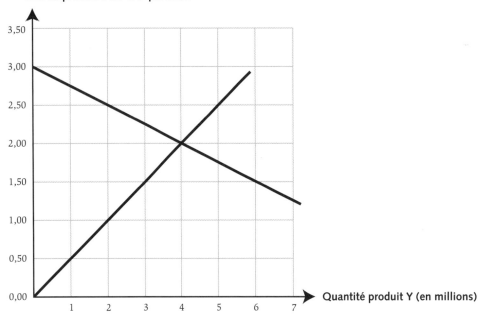

b)   Décrivez les différences que l'on peut constater au niveau des prix et des quantités.

_____

_____

_____

_____

c)   Déterminez quelle part de l'impôt est à la charge des demandeurs et quelle part est à la charge des fournisseurs.

_____

_____

_____

d)   Justifiez les différences de répercussion de l'impôt entre les demandeurs et les fournisseurs.

_____

_____

8   Impôts et élasticités

L'État prélève un droit d'accise de 2 CHF par paquet de cigarettes.

Pour chaque affirmation concernant le cas mentionné ci-dessus, répondez par vrai ou faux et corrigez les réponses erronées.

Vrai	Faux	Affirmation	Correction
☐	☐	Cette nouvelle taxe ne se répercute complètement sur les consommateurs que si la demande est plus inélastique que l'offre.	
☐	☐	Cette nouvelle taxe se répercute de manière égale sur les consommateurs et les fournisseurs quand les deux courbes présentent un même niveau d'élasticité des prix.	
☐	☐	Cette nouvelle taxe se répercute plutôt sur les fournisseurs quand les demandeurs peuvent facilement accéder à un bien de substitution.	
☐	☐	Une demande à faible élasticité entraîne une répercussion de la taxe à la consommation qui touche avant tout les fumeurs. La taxe n'a pas d'effet incitatif car seuls les prix augmentent et la quantité de diminue pas.	

9   Impôts et élasticités

Les alcopops sont particulièrement appréciés des jeunes. Il s'agit de boissons sucrées qui contiennent de l'alcool et peuvent donc être considérées comme des substances addictives. Par conséquent, l'État prévoit de prélever une taxe d'incitation sous forme d'impôt à la consommation de 2 CHF par bouteille.

a)   Inscrivez cette mesure et ses conséquences dans le graphique ci-dessous. Nommez les axes, les droites et les intersections. Indiquez également quelle part de la taxe se répercutera sur les fournisseurs et quelle part se répercutera sur les demandeurs.

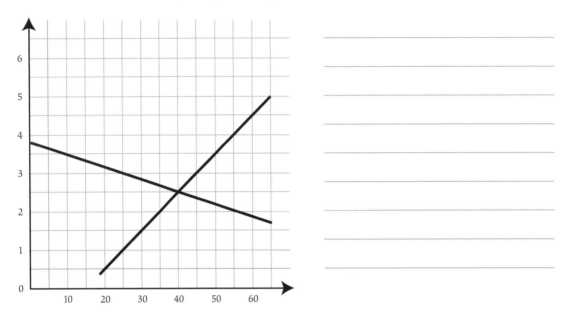

b)   Supposons que l'Office fédéral de la santé publique affirme que, à la suite de l'introduction de cette mesure, la consommation a diminué de 50 %. Cette affirmation est-elle correcte si l'on suppose que le modèle de marché présenté ci-dessus reflète fidèlement la réalité ? Répondez à l'aide de mots-clés en vous aidant des chiffres du graphique.

c)   Lisez l'article ci-dessous, issu de la page Wikipédia au sujet des alcopops (de.wikipedia. org/wiki/Alkopop, page en allemand de juin 2015) puis, répondez à la question posée.

Taxation des alcopops en Suisse

En février 2004, une taxe spéciale sur les alcopops a été introduite en Suisse, qui s'avère être bien plus élevée qu'en Allemagne. 1,80 francs sont prélevés par bouteille, ce qui a engendré une augmentation fulgurante du prix à hauteur de presque 80 %, soit 4,10 francs au lieu de 2,30. Selon la Régie fédérale des alcools (RFA), cette mesure radicale a entraîné un effondrement drastique du marché des alcopops en Suisse. En effet, le nombre de bouteilles en Suisse, exclusivement issues de l'importation, est passé de 39 millions en 2002 et 25 millions en 2003 à seulement 16 millions en 2004, dont la moitié a été importée au cours du seul mois de janvier 2004, donc avant l'introduction de la taxe spéciale. Ainsi, la RAF part du principe que la taxe spéciale qui avait pour but d'évincer les alcopops du marché a été un franc succès.

Source : Wikipédia

Dans l'exercice a) vous avez indiqué l'introduction de la taxe sur les alcopops dans un modèle spécifique. Quelles différences constatez-vous entre l'évolution réelle et le modèle mentionné ci-dessus ?

_____

_____

_____

_____

_____

_____

_____

_____

_____

10   Évolution de la quote-part fiscale de la Suisse

Le graphique ci-dessous de l'Office fédéral de la statistique présente les recettes des finances publiques ou, plus précisément, de la quote-part fiscale de la Suisse. La quote-part fiscale comprend les recettes de la Confédération, des cantons, des communes et de la sécurité sociale obligatoire et est exprimée en pourcentage du PIB.

Partie de la quote-part fiscale de la Suisse, exprimée en % du PIB, sur la période allant de 1990 à 2016					
Année	Confédération (1)	Cantons (2)	Communes (3)	Taux d'imposition (1) + (2) + (3)	Sécurité sociale (4)	Quote-part fiscale (1) + (2) + (3) + (4)
1990	8,1	6,0	4,2	18,2	5,5	23,8
1995	8,0	6,2	4,5	18,7	6,8	25,7
2000	10,2	6,3	4,5	20,9	6,7	27,7
2005	9,4	6,7	4,2	20,3	6,3	26,7
2010	9,7	6,5	4,0	20,3	6,3	26,7
2012	9,5	6,7	4,1	20,2	6,7	27,0
2013	9,6	6,7	4,1	20,3	6,7	27,1
2014	9,4	6,7	4,1	20,2	6,6	26,9
2015	9,8	6,8	4,2	20,9	6,7	27,6
2016	9,8	6,9	4,3	21,0	6,7	27,8

Source : Administration fédérale des finances (AFF)

a)   Dans les années 1990, la quote-part fiscale de la Suisse a connu une augmentation relativement importante. Décrivez les raison principales pouvant expliquer cette augmentation.

_____

_____

_____

_____

_____

_____

_____

_____

b)   Expliquez de manière détaillée l'importance de la quote-part fiscale dans le débat économique.

_____

_____

_____

_____

_____

_____

_____

_____

11 Conséquences de l'endettement interne et externe de l'État

a) Répondez par vrai ou faux pour chacune des affirmations suivantes et corrigez celles qui sont erronées dans la colonne de droite.

Vrai	Faux	Affirmation	Correction
☐	☐	Un État finance un déficit budgétaire en contractant un crédit (une dette) sur son territoire ou à l'étranger.	
☐	☐	Si un État amortit son déficit en contractant un crédit sur son territoire, la demande de crédit augmente. Par conséquent, les crédits privés internes deviennent moins chers.	
☐	☐	Si un État amortit son déficit en contractant un crédit à l'étranger, cela n'a aucune conséquence sur l'économie nationale ni sur les taux de change.	
☐	☐	L'endettement externe d'un État entraîne souvent ce qu'on appelle des déficits jumeaux : un déficit monétaire s'ajoute au déficit budgétaire et la revalorisation de la monnaie nationale entraîne une réduction du prix des importations et une augmentation du prix des exportations. La balance des transactions courantes de biens et de services devient négative.	
☐	☐	La loi de la rareté prévaut également sur le marché des capitaux. Si l'État agit comme un acheteur important en cas de déficit, il évince les emprunteurs privés lorsque l'offre reste inchangée. On appelle ce processus « crowding up ».	

b)   Le 14 février 2019, le gouvernement canadien contracte un emprunt de 275 millions de CHF en Suisse (durée : trois ans, Libor à trois mois : + 0,26 %). Supposons que cet emprunt sert à amortir le déficit budgétaire du Canada.

b1) Pourquoi cette mesure aurait-elle des conséquences négatives pour le secteur canadien des exportations ? Décrivez et expliquez les corrélations de manière détaillée.

b2) Expliquez pourquoi des déficits jumeaux peuvent survenir après un emprunt à l'étranger.

12   Dette publique

Citez trois avantages et trois inconvénients de l'endettement public.

Avantages de la dette publique/du déficit budgétaire

1.

2.

3.

Inconvénients de la dette publique/du déficit budgétaire

1.

2.

3.

13   Les régimes d'assurance sociale en Suisse

Citez cinq risques différents qui peuvent être atténués grâce aux assurances sociales. Pour chaque exemple, citez le ou les régime(s) d'assurance sociale correspondant(s).

Risque 1	Risque 2	Risque 3

Régime(s) d'assurance sociale correspondant(s)	Régime(s) d'assurance sociale correspondant(s)	Régime(s) d'assurance sociale correspondant(s)

Risque 4	Risque 5

Régime(s) d'assurance sociale correspondant(s)	Régime(s) d'assurance sociale correspondant(s)

14   Assurances sociales

a)   Citez toutes les assurances sociales sollicitées en cas d'atteinte à la santé et décrivez leurs caractéristiques principales.

b)   Quelles sont les deux assurances sociales sollicitées pour le risque d'impotence et quelle est la différence majeure entre les deux?

15   Efficience, répartition et équité

Si l'État gère la répartition des revenus, il en résulte un conflit d'intérêts entre l'efficience et la répartition. Décrivez ce conflit d'intérêts. De quelle manière peut-il être résolu?

16   L'État dans le circuit économique

Dans le circuit économique, outre l'étranger, l'État peut être impliqué dans des flux entrants et sortants d'argent, de biens et de ressources. Le graphique ci-dessous montre l'implication de l'État dans ce circuit.

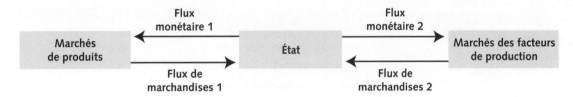

Pour chaque flèche, citez un exemple de flux monétaire ou de flux de marchandises.

Flux monétaire 1 :

_____

Flux des marchandises 1 :

_____

Flux monétaire 2 :

_____

Flux des marchandises 2 :

_____

17   Les finances publiques de la Suisse

Pour chaque affirmation, répondez par vrai ou faux et corrigez celles qui sont erronées.

Vrai	Faux	Affirmation	Correction
☐	☐	Les impôts sont prélevés à l'échelle fédérale, cantonale et communale. La Confédération prélève surtout des impôts indirects, ce qui est une caractéristique du fédéralisme.	
☐	☐	Les cantons et les communes encaissent plus de la moitié des recettes publiques. La proportion est encore plus importante pour les dépenses. La différence est compensée par ce que l'on appelle la péréquation financière verticale.	

☐	☐	Les dépenses publiques globales ont subi de grandes restructurations. La protection sociale a pris de l'importance tandis que les dépenses allouées à la défense nationale ont diminué.	
☐	☐	Les changements démographiques affectent particulièrement les caisses d'assurance sociales. De plus en plus de jeunes doivent financer la protection sociale d'un nombre croissant de personnes âgées.	
☐	☐	Le premier pilier de la prévoyance vieillesse est l'AVS et repose essentiellement sur le principe de solidarité. Grâce au système de capitalisation, les bénéficiaires de l'AVS percevant les revenus les plus élevés financent l'assurance des bénéficiaires percevant les revenus les plus faibles.	
☐	☐	Le frein à l'endettement empêche tout déficit budgétaire. Grâce à cet instrument, le problème de l'endettement sera résolu définitivement.	

18 Étude de cas : La flat tax (impôt à taux unique)

Les cantons, les communes et les États se disputent les bons contribuables. De nouveaux modèles d'imposition, tels que la fameuse « flat tax », également appelée impôt à taux unique, sont introduits dans certains cantons afin de créer des conditions particulièrement attractives pour les contribuables les plus intéressants. La flat tax est un impôt dont le taux est unique et constant.

Lisez les deux textes ci-dessus et analysez l'exemple de calcul des taxes. Répondez aux questions mentionnées ci-dessous.

Texte 1 : extrait d'un article publié dans *La Vie économique* en mai 2005

Le concept de flat tax prévoit que tous les revenus dépassant l'abattement de base soient imposés à un taux unique. [...] Les avantages de cette approche sont notamment les effets positifs sur l'emploi et la croissance, moins d'incitation pour les contribuables à contourner le paiement des impôts et une simplification non négligeable de la gestion du système fiscal. En revanche, la forte sollicitation des revenus plus modestes et moyens se révèle être problématique. En Suisse, se pose également la question de savoir comment introduire un impôt à taux unique dans les cantons, compte tenu de leur autonomie fiscale.

Texte 2 : article publié dans le *Tages-Anzeiger* le 8 août 2007

La lutte autour de la flat tax

Même en Suisse, la flat tax gagne en popularité. Cependant, tant que la Confédération et les cantons continueront d'accepter des conditions de déduction fiscale des plus absurdes, le système fiscal ne sera ni plus simple, ni plus équitable. En réalité, l'idée qui se cache derrière ce type de modèles est séduisante. Elle part du principe qu'un système fiscal avec un impôt à taux unique et un abattement à la base motivé par la politique sociale est non seulement plus simple, mais également plus équitable. La condition préalable est que toutes les exceptions et les déductions fiscales soient supprimées. Ainsi, l'assiette fiscale augmente et le taux d'imposition peut être fixé à un niveau plus bas. Cependant, ni le canton d'Obwald ni celui de Schaffhouse ne sont prêts à prendre une mesure aussi radicale. Les modèles établis par les deux cantons sont basés sur l'hypothèse que toutes les déductions fiscales restent possibles. Le taux unique n'est pas prélevé sur le revenu brut. C'est le revenu restant, une fois toutes les niches fiscales exploitées, qui est décisif. Avec une telle approche, l'assiette fiscale peut difficilement être élargie. Les particuliers continueront donc à suivre les conseils des sociétés fiduciaires astucieuses. Par ailleurs, la classe moyenne continuera à être taxée de manière progressive dans le canton de Schaffhouse. Le taux unique ne concerne que les revenus à partir de 200 000 francs. Le fait que le canton continue à se positionner en tant que pionnier de la flat tax s'explique par une raison simple : ça lui fait de la bonne publicité. Schaffhouse souhaite être perçu par les plus riches comme le canton le plus avantageux sur le plan fiscal.

Cette stratégie peut tout à fait porter ses fruits, mais le système fiscal n'en deviendra pas plus simple ou plus juste pour autant. Quiconque a de tels objectifs en ligne de mire doit d'abord se pencher sur les déductions fiscales et, par exemple, réduire les privilèges des propriétaires : tant les intérêts hypothécaires que les frais d'entretien peuvent faire l'objet d'un abattement fiscal. Aujourd'hui, si vous retapissez un mur ou réaménagez votre jardin, vous pouvez compter sur la compréhension des autorités fiscales. Il en va de même pour les travaux de rénovation. En contrepartie, les propriétaires doivent certes payer une taxe sur la valeur locative imputée, mais ils s'en sortent bien mieux que les locataires. Les contributions à la prévoyance vieillesse ou à un fonds de pension pour cadres s'avèrent également rentables. À cela s'ajoutent des déductions pour les enfants à charge et des exonérations pour les frais de scolarité. Et quiconque garde précieusement les reçus de ses dépenses professionnelles peut également économiser beaucoup d'argent.

Exemple de calcul fiscal (source : www.viventis.ch)

Cet exemple se base sur une mère célibataire avec un enfant. (L'exemple prévoit une déduction de 20 000 CHF par personne et prend en compte un taux d'imposition unique de 20%).

■ Revenu de 50 000 francs : De ces revenus, 20 000 francs pour chaque membre du ménage sont exemptés d'impôt. Par conséquent, la somme imposable est de 10 000 francs. 20% de 10 000 francs représentent 2000 francs à payer chaque année, soit 4% du revenu total.

■ Revenu de 100 000 francs : 40 000 francs sont à nouveau déduits dans ce cas-ci et le revenu imposable est donc de 60 000 francs. 20% de 60 000 francs représentent 12 000 francs, soit 12% du revenu total.

■ Revenu de 200 000 francs : Le revenu imposable après déduction est de 160 000 francs. La somme à payer est de 32 000 francs par an, soit 16% du revenu total.

a) Comment fonctionne la flat tax ?

_____

_____

_____

_____

b)   Quels sont les avantages et les inconvénients de cet impôt à taux unique?

_____

_____

c)   Quelles conditions doivent être remplies pour introduire la flat tax?

_____

_____

19 Taux d'imposition et quote-part fiscale à l'échelle internationale

La quote-part de l'État est un sujet politique controversé. L'État est souvent perçu comme un percepteur d'impôts ou comme un prévôt qui s'empare de l'argent des citoyens. Mais en retour, l'État offre également de nombreux services que nous utilisons tous au quotidien, tels que l'école publique ou les soins de santé. Le département fédéral des finances publie une comparaison internationale des quotes-parts fiscales et des taux d'imposition. La quote-part fiscale représente le rapport entre les recettes fiscales effectives et les cotisations de sécurité sociale d'une part, et le PIB d'autre part. Le taux d'imposition ne couvre que les recettes fiscales.

En comparaison avec d'autres pays, doit-on payer beaucoup d'impôts en Suisse? La charge des assurances sociales publiques (AVS, AI, APG, AC, assurance-maternité) qui nous incombe est-elle trop importante? Répondez à ces questions sur une feuille séparée. Prenez en compte les trois tableaux statistiques présentés ci-dessous dans votre réponse et donnez votre avis en vous justifiant.

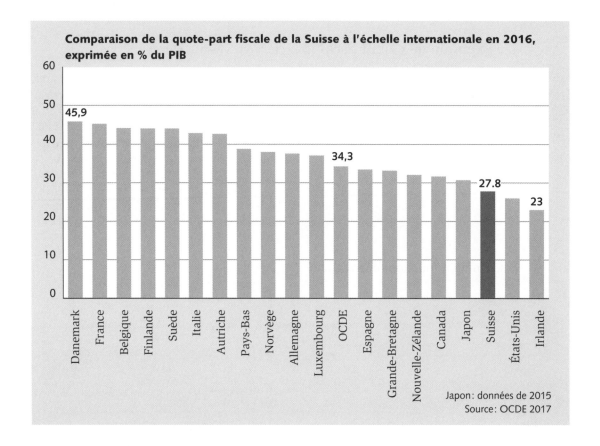

Comparaison de la quote-part fiscale de la Suisse à l'échelle internationale en 2016, exprimée en % du PIB

Japon: données de 2015
Source: OCDE 2017

Comparaison internationale de la quote-part fiscale entre 1990 et 2016, exprimée en % du PIB

	1990	1995	2000	2005	2012	2013	2014	2015	2016
Suisse	23,8	25,7	27,7	26,7	27,0	27,1	26,9	27,6	27,8
Allemagne	34,8	36,2	36,2	33,9	36,4	36,8	36,8	37,1	37,6
Autriche	39,4	41,4	42,4	41,2	42,0	42,8	43,1	43,7	42,7
Belgique	41,2	42,6	43,5	43,2	44,2	45,2	45,0	44,8	44,2
Canada	35,2	34,8	34,8	32,2	31,0	30,9	31,2	32,0	31,7
Danemark	44,4	46,5	46,9	48,0	45,5	45,9	48,6	45,9	45,9
Espagne	31,6	31,3	33,2	35,1	32,2	33,1	33,7	33,8	33,5
États-Unis	26,0	26,5	28,2	25,9	24,1	25,7	25,9	26,2	26,0
Finlande	42,9	44,5	45,8	42,1	42,7	43,6	43,8	43,9	44,1
France	41,0	41,9	43,1	42,8	44,3	45,2	45,3	45,2	45,3
Grande-Bretagne	32,9	29,8	33,2	32,9	32,8	32,6	32,2	32,5	33,2
Irlande	32,4	31,7	30,8	29,4	27,5	28,2	28,5	23,1	23,0
Italie	36,4	38,6	40,6	39,1	43,9	44,1	43,5	43,3	42,9
Japon	28,2	25,8	25,8	26,2	28,2	28,9	30,3	30,7	–
Luxembourg	33,5	34,9	36,9	37,8	38,4	38,2	37,4	36,8	37,1
Norvège	40,2	40,0	41,9	42,6	41,5	39,9	38,9	38,3	38,0
Nouvelle-Zélande	36,2	35,6	32,5	36,1	32,1	31,1	32,4	33,0	32,1
OCDE	31,9	33,3	33,9	33,5	33,3	33,6	33,9	34,0	34,3
Pays-Bas	40,2	37,7	37,2	35,4	36,0	36,5	37,5	37,4	38,8
Suède	49,5	45,6	49,0	46,6	42,6	42,9	42,6	43,3	44,1

Source : OCDE 2017

Comparaison du taux d'imposition de la Suisse à l'échelle internationale en 2016, exprimé en pourcentage du PIB

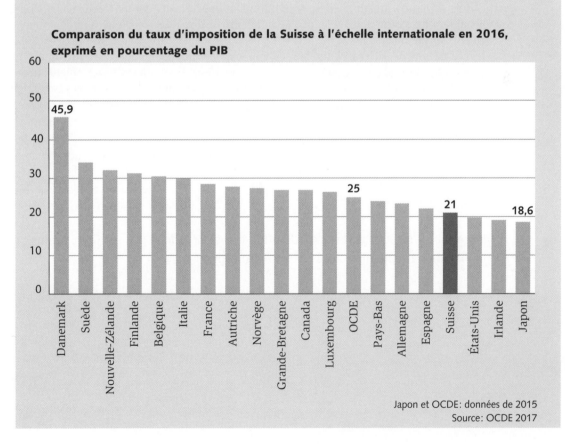

Japon et OCDE: données de 2015
Source: OCDE 2017

20 Comptes d'État 2016 avec excédent, grâce à des taux d'intérêt négatifs

Le budget fédéral de 2016 a été clôturé avec un excédent de 0,8 milliards de francs.
Le 23 février 2017, le Conseil fédéral a publié le communiqué suivant :

Comptes 2016 : enregistrement d'un excédent, grâce à des taux d'intérêt négatifs

En 2016, le budget fédéral a été clôturé avec un excédent ordinaire de près de 0,8 milliards de francs. Sans les effets résultant des taux d'intérêt négatifs, c'est un déficit qui aurait été enregistré.

La même année, les recettes ont été clôturées à 300 000 millions de francs, soit 0,4 % de plus que ce qui avait été prévu dans le budget. Les projections de septembre prévoyaient même des recettes supplémentaires s'élevant à 1,7 milliards de francs. Les recettes supplémentaires provenant de l'impôt fédéral direct ont été confirmées (+ 1,7 milliard), mais d'autres taxes importantes sont restées bien en deçà de ce qui était prévu dans le budget. Les recettes de la TVA notamment ont été relativement faibles dans le dernier trimestre et le remboursement des intérêts de retard décidé par le Parlement a eu des conséquences négatives sur l'impôt anticipé (0,5 milliards).

Les dépenses, quant à elles, se chiffrent à 1 milliard de moins, soit 1,4 %, que ce qui était prévu dans le budget.

Les raisons de cet écart entre la réalité et les prévisions du budget s'expliquent surtout par une diminution des recettes des intérêts passifs (–0,5 milliards), par la baisse des cotisations à l'assurance-vieillesse survivant et à l'assurance-invalidité (–0,2 milliards), tributaires de l'évolution de la TVA, et par les mesures de remplacement des programmes de recherche de l'UE, qui ont été moins utilisées que prévu (–0,1 milliards).

On suppose que le faible niveau des taux d'intérêt est l'une des principales raisons expliquant le fait que les recettes issues des paiements anticipés de l'impôt fédéral direct se soient révélées plus élevées que prévu (0,8 milliards). L'allègement sur les intérêts passifs (0,5 milliards) y est également pour quelque chose. Les conséquences estimées des taux d'intérêt négatifs (1,3 milliards) ont permis à la Confédération d'enregistrer un excédent en 2016. Toutefois, ces résultats n'améliorent pas les perspectives financières des années à venir, où une hausse des taux d'intérêts et, par conséquent, une baisse des recettes sont à prévoir.

Le Conseil fédéral a également défini le cadre financier de la nouvelle procédure budgétaire. D'après les derniers chiffres, de sérieux déficits structurels sont à prévoir.

Le frein à l'endettement ne pourra être respecté sans contre-mesures. Le Conseil fédéral a donc décidé d'une approche ajustée pour le budget 2018 et le plan financier 2019-2021, qui comprend les mesures suivantes : une correction de 3 % du renchérissement sur les dépenses de transfert faiblement liées et les dépenses militaires (environ 500 millions de francs par an), une réduction des dépenses propres (150 millions de francs par an) et des baisses ciblées de 300 à 350 millions de francs par an.

Source : Communiqué de presse du DFF,
23 février 2017 (extraits)

a) Pourquoi les recettes de la Confédération ont-elles affiché des résultats moins bons que les prévisions de septembre 2016 le laissaient espérer ?

b)   Même si un excédent a été réalisé en 2016, selon le communiqué de presse, un déficit structurel est néanmoins attendu pour les années à venir. Pourquoi? Quelles mesures le Conseil fédéral a-t-il mis en œuvre pour y remédier?

_____

_____

_____

_____

_____

c)   Rendez-vous sur le site https://www.efd.admin.ch/efd/fr/home.html et trouvez le communiqué de presse sur les derniers comptes d'État et analysez-les. La prévision plutôt sombre du Conseil fédéral concernant l'évolution du budget public s'est-elle entre-temps réalisée?

_____

_____

_____

_____

_____

21   Vrai ou faux

Quelles affirmations sont correctes? Plusieurs réponses sont possibles.

a)   La viabilité des finances publiques est garantie lorsque
☐ les recettes publiques dépassent les dépenses publiques.
☐ la dette publique diminue.
☐ l'État est en mesure d'obtenir des prêts à long terme à des conditions favorables sur le marché des capitaux.
☐ les dépenses publiques sont couvertes par les recettes ordinaires au cours d'un cycle conjoncturel.
☐ Aucune de ces affirmations n'est exacte.

b)   Impôts directs
☐ Les impôts directs sont des impôts sur les transactions basés sur les prestations.
☐ Le taux d'impositions de l'impôt direct repose sur des critères individuels.
☐ L'impôt direct ne donne aucun droit direct au contribuable de bénéficier des prestations de l'État.
☐ L'impôt direct affecte la consommation.
☐ Aucune de ces affirmations n'est exacte.

c) La dette publique présente les inconvénients suivants :
- ☐ La notation financière de l'État privilégie les emprunteurs privés.
- ☐ La dette facilite le financement des dépenses publiques à long terme.
- ☐ La dette permet à l'État de percevoir des impôts de manière régulière dans le temps.
- ☐ La dette permet de lisser les fluctuations conjoncturelles.
- ☐ Aucune de ces affirmations n'est exacte.

d) Finances publiques de la Suisse
- ☐ Le frein à l'endettement permet de s'assurer que le budget fédéral s'équilibre chaque année.
- ☐ Le principe de solidarité dans le domaine des assurances sociales a un fort effet redistributif.
- ☐ Le deuxième pilier repose sur le principe d'équivalence ainsi que sur la solidarité.
- ☐ La démographie est façonnée par les prévisions du niveau d'inflation.
- ☐ Aucune de ces affirmations n'est exacte.

e) Le concept de politique monétaire de la BNS comprend les trois points suivants :
- ☐ Définition de la stabilité des prix, taux de réserves obligatoires et masses monétaires.
- ☐ Marge de fluctuation pour un taux d'intérêt à court terme, prévisions d'inflation et régulation de la masse monétaire.
- ☐ Prévisions d'inflation, marge de fluctuation pour un taux d'intérêt à court terme et définition de la stabilité des prix.
- ☐ Ciblage de l'inflation, stabilité des prix et taux d'intérêt à long terme.
- ☐ Aucune de ces affirmations n'est exacte.

f) Inflation
- ☐ L'équation quantitative montre qu'une augmentation de la masse monétaire par la banque centrale entraîne une augmentation des prix si le PIB réel et le taux de réserves obligatoires restent inchangés.
- ☐ L'inflation entraîne des coûts de transaction élevés car les investisseurs se précipitent pour acheter des biens matériels dont la valeur reste constante.
- ☐ En période de progression à froid, l'État doit s'attendre à une diminution des recettes fiscales en cas d'inflation.
- ☐ En période d'hyperinflation, les taux d'inflation mensuels sont supérieurs à 10 %.
- ☐ Aucune de ces affirmations n'est exacte.

g) Inflation, stagflation, déflation
- ☐ En cas d'inflation, la capacité réelle de création monétaire diminue.
- ☐ La stagflation signifie l'apparition d'une inflation lorsque le PIB réel reste inchangé.
- ☐ En période de déflation, les taux d'intérêt réels sont élevés, malgré des taux d'intérêts nominaux bas, car une baisse continue du niveau des prix est attendue.
- ☐ En période de déflation, la politique budgétaire expansionniste atteint ses limites, car les taux d'intérêts ne peuvent pas atteindre de fortes valeurs négatives.
- ☐ Aucune de ces affirmations n'est exacte.

B Notions

Associez les notions suivantes à leur définition :

Lettre	Notion		
	Déficit budgétaire		Impôt indirect
	Crowding out		Impôt d'inflation
	Démographie		Système de capitalisation
	Impôt direct		Frein à l'endettement
	Péréquation financière		Transferts publics
	Politique financière		Système de répartition
	Fédéralisme		

A Association fédérale qui permet une large autonomie des différents états fédérés.

B Mesure visant à contrôler les recettes et les dépenses de l'État.

C Redistribution financière entre les sous-secteurs d'un état fédéral, en tenant compte de leur capacité et de leurs charges particulières.

D Paiements de revenus opérés par les institutions publiques sans contrepartie.

E Les dépenses d'un budget public sont supérieurs à ses recettes.

F Les primes des assurés sont investies sur le marché des capitaux et les prestations d'assurance sont financées par les revenus engendrés par ces investissements.

G Impôt dont la base de calcul dépend au sens large des transactions du marché.

H Étude de la composition et de l'évolution de la population.

I Les prestations d'assurance sont directement financées par les primes en cours.

J Recettes de l'État engendrées par une création monétaire excessive.

K Mécanisme de politique financière visant à stabiliser la dette publique en tenant compte du cycle conjoncturel.

L Impôt prélevé sur base des caractéristiques individuelles (par exemple le revenu ou la fortune) des personnes physiques ou morales assujetties.

M Situation dans laquelle les investisseurs privés sont évincés à la suite d'une demande publique de crédits.

C Approfondissement des connaissances

Aide sociale – De combien a-t-on besoin pour vivre?

Le sujet de l'assistance sociale déclenche de vives émotions. Les personnes concernées parlent d'humiliation et de gestion arbitraire des autorités. D'autres, en revanche, voient cela comme du «parasitisme social». Ces personnes pensent que ce filet de sécurité est beaucoup trop confortable et que les gens qui en bénéficient ne sont pas assez incités à en sortir. Certains vont même jusqu'à dire que ce sont ces prestations sociales qui ont créé le besoin de faire appel à elles. L'absence de chiffres fiables sur l'utilisation abusive des avantages ont ouvert la voie à de nombreuses spéculations. L'État doit respecter l'article 12 de la constitution fédérale qui stipule que «quiconque est dans une situation de détresse et n'est pas en mesure de subvenir à son entretien a le droit d'être aidé et assisté et de recevoir les moyens indispensables pour mener une existence conforme à la dignité humaine». Cela signifie que l'État a le devoir de ne pas rester inactif face aux inégalités sociales, aux coups du sort et aux erreurs qui poussent les individus au désespoir. Une société se distingue lorsque la dignité humaine ne représente pas seulement des mots inscrits dans la constitution, mais lorsque ces nobles paroles sont suivies d'actes.

Le principe de l'autodétermination, sur lequel repose la conception de l'Homme dans l'économie de marché, est partiellement supplanté – par nécessité – par l'assistance sociale. Par la pauvreté, l'homo œconomicus devient le nécessiteux. Son niveau de vie n'est plus mesuré en fonction de sa performance mais du principe de l'assistance.

Mais comment l'État détermine-t-il ce dont les individus ont besoin pour vivre, et en quelle quantité? On ne laisse personne mourir de faim! Voilà qui ferait consensus dans la société pour fixer un seuil minimum d'aide sociale.

Cependant, le pain ne suffit pas à l'être humain pour vivre. Les personnes en difficulté ont également besoin de vêtements et d'un toit.

En Suisse, le niveau des besoins fondamentaux pour assurer la subsistance des individus est déterminé par les autorités responsables de l'assistance sociale au niveau communal. La Conférence suisse des institutions d'action sociale (CSIAS) est l'association professionnelle nationale de l'aide sociale. Tous les cantons, de nombreuses communes, plusieurs offices fédéraux et des organisations sociales privées sont membres de la CSIAS. Celle-ci s'engage pour la conception et le développement d'une aide sociale équitable et efficace en Suisse et tente de coordonner les prestations d'aide sociale au moyen de directives.

Fin 2014, le magazine *Beobachter* a réalisé une expérience sur les aides sociales, dont les détails sont décrits ci-dessous.

Aides sociales : un mois à la limite

Comment vit-on avec les aides sociales ? Une famille valaisanne a fait l'expérience. Pendant quatre semaines, elle a dû se débrouiller avec environ 2400 francs.

Par Conny Schmid

Après deux semaines, Anita Rieder est à bout de souffle. Elle raconte : « Je ne fais rien d'autre que calculer. On peut oublier tout ce qui nous fait plaisir. » La famille d'Anita a tenté l'expérience : pendant un mois, elle veut voir ce que c'est de vivre des aides sociales. Pendant tout le mois de novembre, la famille fait ses comptes et note chaque petite dépense. Ainsi elle cherche à savoir si elle s'en sortirait avec environ 2400 francs, ce qui représente la somme allouée par mois à une famille de quatre personnes dans le canton du Valais (voir la section « À quoi l'argent devait suffir »).

L'idée a été émise pour la première fois au sein de la section valaisanne d'Avenir Social, association professionnelle des travailleurs sociaux. Quatre familles de la région, dont les Rieder, participent à cette étude. « Nous voulions faire plus que publier de simples communiqués qui auraient pris la poussière au fond d'un tiroir », explique Cécile Berchtold, membre d'Avenir Social.

Aujourd'hui, l'aide sociale aurait bien besoin d'un travail de lobbying car politiquement parlant, elle est en mauvaise posture. En effet, on entend souvent que ces aides sont trop élevées et qu'il est injuste que des familles, dont les revenus sont bas, n'y aient pas droit. Les directives de la Conférence suisse des institutions d'action sociale (CSIAS), qui contiennent entre autres des recommandations sur l'établissement du montant de l'aide sociale, sont plus controversées que jamais. Il n'est plus tabou de réduire les besoins fondamentaux, même dans le canton du Valais. « L'automne dernier, une proposition visant à réduire de dix pour cent les prestations sociales a été soumise au conseil cantonal. C'est ce qui nous a donné l'idée pour notre projet. » déclare Cécile Berchtold.

« Je n'ai pas envie de toujours dire non »

Bien sûr, l'expérience a ses limites. « Ce n'est pas en un mois que l'on peut réellement appréhender ce que c'est d'être dépendant des aides sociales », concède la responsable du projet. Toutefois, cette expérience permet de réaliser par ses propres moyens si il est réellement possible de vivre confortablement avec le budget alloué, comme certains le prétendent.

C'est exactement ce que voulaient les Rieder. La famille vit dans un appartement spacieux, au sein d'un immeuble qui leur appartient, à Wiler, dans le Lötschental. Le magasin d'alimentation d'une cer-taine taille le plus proche se situe à Gampel, à environ 15 kilomètres. Pour commencer, Anita, 39 ans, et Fredy Rieder, 40 ans, calculent ce qui reviendra le moins cher pour faire les courses de la semaine : y aller en voiture, en bus ou se faire livrer ? Le résultat de ces calculs est une première surprise. En effet, le service de livraison coûte 13 francs, ce qui est inférieur au coût d'un trajet en voiture (21 francs) et est au même prix que le trajet en bus (13 francs, à demi-tarif). En outre, à partir d'une valeur d'achat de 200 francs, la livraison ne coûte plus que 10 francs.

Or, imaginez un foyer vivant des aides sociales qui reçoit une livraison par camion une fois par semaine. « Ça serait très mal vu au village », pense Anita Rieder. De toute façon, elle ne veut pas renoncer à l'expédition. Elle prend donc la voiture, laissant Nathalie, 8 ans, et Hannes, 6 ans, à la maison. « Ce serait trop pénible de les emmener. Je n'ai pas envie de toujours dire non. C'est déjà suffisamment difficile de me restreindre moi-même », explique-t-elle.

Le journal de bord que les participants à l'expérience sont censés tenir montre qu'elle ne parvient pas toujours à se limiter. « Aujourd'hui, c'était à nouveau le jour des grosses courses et je n'ai pas pu me retenir d'acheter du chocolat », écrit la femme au foyer à son retour du magasin. Le chocolat est bon pour ses nerfs. L'insouciance lui manque, note-t-elle. « Il n'y a plus de spontanéité. Tout n'est plus que calcul, recherche du produit le moins cher et comptes d'apothicaire », dit-elle aussi.

Ce sont les aides sociales qui paient le dentiste

Au cours des dernières semaines, deux notes du dentiste sont également arrivées chez les Rieder, qui doivent aussi payer la taxe de circulation. « Nous avons simplement reporté l'échéance du paiement de la taxe de circulation à décembre, sinon nous nous serions vraiment retrouvés dans le rouge », explique Anita Rieder. Mais elle est bien consciente que ceux qui vivent réellement de l'aide sociale ne pourront probablement pas faire autrement que d'emprunter de l'argent dans de tels cas.

À la fin de cette expérience d'un mois, la famille Rieder est de nouveau dans le vert, avec tout juste 280 francs restants. « Mais nous n'y sommes parvenus que parce que nous n'avons pas pris en compte les frais relatifs à la voiture », reconnaît Anita. Elle est heureuse que cette expérience se termine. « C'était extrêmement éprouvant », raconte-t-elle. Son mari, Fredy, partage son opinion, mais il insiste sur les aspects positifs. « Grâce à cette expérience, nous nous sommes rendus compte à quel point nous avions la vie facile tout en découvrant que d'une manière ou d'une autre, nous pouvions y arriver », dit-il. Les cinq autres familles ayant participé à l'expérience ont déclaré que le modeste budget alloué n'avait pas été si handicapant. D'après Cécile Berchtold d'Avenir Social, la plupart des familles sont parvenues à finir le mois avec plusieurs centaines de francs restants. « Une participante a même raconté que budgétiser était comme un passe-temps. » La différence financière était probablement moins importante pour ces familles que pour la famille Rieder. « De plus, ces familles ont toutes des enfants plus jeunes que les enfants Rieder, qui coûtent donc moins cher », ajoute Berchtold. Et elles ne vivent pas dans un village de montagne comme les Rieder mais dans une commune plus grande, où les magasins discount sont juste à côté.

« Sortir de cette situation le plus vite possible »
Toutefois, tous les participants ont tiré les mêmes conclusions à la fin de l'expérience : une diminution des aides sociales, comme cela est préconisé dans les discussions politiques actuellement, serait extrêmement sévère. Pour Fredy Rieder, la situation est très claire : « devoir dépendre des aides sociales sur le long terme serait un véritable calvaire. On voudrait pouvoir se sortir de cette situation le plus vite possible. » C'est également le cas des personnes qui dépendent réellement des aides sociales. D'après les statistiques, la moitié d'entre elles s'est remise sur pied au bout d'un an maximum. Seuls 7 % des personnes touchant les aides sociales en bénéficient pendant six ans ou plus.

À quoi l'argent devait suffir

Le budget mensuel de la famille Rieder se compose de 2110 francs pour les besoins fondamentaux d'une famille de quatre personnes, de 200 francs d'allocation d'intégration et de 110 francs pour les repas pris à l'extérieur. Dans les besoins fondamentaux sont compris les produits alimentaires, les boissons, les produits du tabac, les vêtements et chaussures, l'électricité et le gaz, le nécessaire à l'entretien de la maison (produit de nettoyage, lessive, sacs poubelle, etc.), les soins, les petits articles ménagers, les déplacements, le téléphone, la poste, le nécessaire au divertissement et à la formation (radio, télé, sport, journaux, livres, frais de scolarité, etc.), le nécessaire aux soins du corps ainsi que le nécessaire pour prendre un verre ou manger à l'extérieur, les cadeaux ainsi que les cotisations aux associations.

Cela n'inclut pas les frais de logement (loyer et charges), les cotisations à l'assurance maladie dont les franchises et les franchises après déduction de la réduction de prime. Dans le cas réel de personnes dépendant de l'assistance sociale, tout ceci est payé par les aides sociales.

Beobachter, 26/2014 du 24 décembre 2014 (article légèrement tronqué)

Exercices :

1. Calculez votre minimum vital grâce au calculateur de minimum vital de Caritas (www.caritas-schuldenberatung.ch/tools/existenz/index.php). Comment évaluez-vous votre vie par rapport au minimum vital ? Comparez votre avis avec les conclusions de la famille Rieder dans l'article du *Beobachter*.

2. Consultez l'offre du CSIAS sur https://skos.ch/fr/. Les approches de la CSIAS quant à ses directives sont très controversées. Comment se positionne votre commune par rapport à ces approches ? Interviewez les personnes responsables et documentez vos recherches.

3. Trouvez des informations sur les débats actuels concernant les aides sociales dans les médias. Documentez vos recherches. Que pensez-vous des aides sociales ? Justifiez votre réponse.

C Liens vers iconomix.ch

Assurance vieillesse, l'AVS

https://www.iconomix.ch/fr/modules/a028/

Ce module explique les différentes fonctions de l'AVS, décrit son fonctionnement et son insertion dans l'économie globale. Il montre également les risques existants et détaille le fonctionnement du paiement de la pension.

Flat Tax

http://www.iconomix.ch/de/unterrichtsmaterial/a025/ (lien en allemand, non traduit)

Ce module analyse le système fiscal suisse et présente la flat tax comme une réforme possible. Dans le cadre d'un exercice, les apprenants étudient les effets économiques d'une flat tax ainsi que les arguments politiques pour et contre cet impôt grâce à une étude de cas réelle.

Division internationale du travail

A   Exercices

1   Balance des paiements

a)   La balance des transactions courantes comprend les composantes importantes suivantes :

TC : Balance des transactions courantes

TC1 : Balance commerciale   TC4 : Balance des revenus du capital

TC2 : Balance des services   TC5 : Balance des transferts courants

TC3 : Balance des revenus du travail

Pour chaque transaction reprise dans le tableau ci-dessous, indiquez la composante de la balance des transactions correspondante ainsi que le signe correspondant (+ : entrée de fonds / – : sortie de fonds).

Transaction	Composante de la balance des transactions correspondante et signe correspondant
Je passe mes vacances en Italic.	**TC2, –**
La Banque cantonale genevoise me verse les intérêts d'une obligation étrangère.	
L'entreprise Omega vend des montres aux États-Unis.	
Un Irlandais achète un billet d'avion suisse à Londres pour un vol vers Genève.	
La famille Jaquet de Neuchâtel achète des meubles en France.	
Un Suisse achète un billet de train de Zurich à Genève.	
Le Zurichois Karl Deuber loue un appartement de vacances à Zermatt appartenant à un Français.	
La nouvelle filiale italienne de Swisscom transfère le dividende au siège qui se trouve à Berne.	
Les travailleurs frontaliers français reçoivent leur salaire de leur employeur suisse.	
La Banque cantonale du Valais verse l'intérêt annuel d'une obligation néo-zélandaise aux clients de la banque.	
Des travailleurs portugais, qui habitent en Suisse, reçoivent leur salaire sur leur compte en banque.	
Les travailleurs portugais transfèrent une partie de leur salaire à leur famille au Portugal.	

b) Le compte financier comprend les composantes importantes suivantes :

C: Compte financier	
C1 : Balance des investissements directs	C2 : Balance des investissements de portefeuille

Pour chaque transaction reprise dans le tableau ci-dessous, indiquez la composante du compte financier correspondante. Déterminez l'évolution des avoirs de la Suisse par rapport à l'étranger (+ : augmentation / – : diminution).

Transaction	Composante du compte financier correspondante et signe correspondant
Swisscom acquiert une filiale en Italie pour 5 milliards de CHF.	
Des clients de banques suisses achètent des obligations néo-zélandaises pour leur compte de dépôt.	
Syngenta, l'entreprise agrochimique bâloise, est acquise pour 43 milliards d'USD par l'entreprise publique chinoise ChemChina.	

2 Balance des paiements et taux de change

Le réseau suivant montre le lien entre le commerce extérieur et les taux de change.
Point de départ : Le volume des importations de biens est supérieur à celui des exportations.
Conséquence : Augmentation du déficit de la balance des transactions courantes représentée par une flèche pointant vers le haut.

Décrivez avec vos mots les étapes numérotées du réseau présenté ci-dessous.

Réseau du commerce extérieur

Point de départ : Importation de biens > Exportation de biens

↓

Déficit de la balance des transactions courantes dû au commerce de biens

↓

1. Demande en devises ↗

↓

2. Dépréciation du franc suisse

3. Prix des biens d'importation ↗   **4.** Prix des biens suisses à l'étranger ↘

↓   ↓

3. Importations en Suisse ↘   **4.** Exportations à l'étranger ↗

5. Déficit de la balance des transactions courantes

↓

6. Revalorisation du franc suisse jusqu'à l'équilibre Importations = Exportations

1.

2.

3.

4.

5.

6.

3   Balance des paiements

Répondez par vrai ou faux pour chaque affirmation et corrigez celles qui sont erronées.

Vrai	Faux	Affirmation	Correction
☐	☐	La balance des paiements de la Suisse ne présente un excédent dans la balance des transactions courantes que depuis le début de la crise financière en 2008.	
☐	☐	Le total de la balance des paiements en pourcentage du PIB peut également être considéré comme un indicateur de la forte interdépendance économique de la Suisse avec l'étranger.	

Vrai	Faux	Affirmation	Correction
☐	☐	Les États-Unis présentent un important déficit de leur balance des transactions courantes car le pays exporte nettement plus qu'il n'importe.	
☐	☐	Si une entreprise suisse acquiert une filiale à l'étranger, cette opération est comptabilisée pendant l'année de l'acquisition dans le compte financier. Les dividendes génèrent des entrées de capitaux dans la balance des transactions courantes au cours des années suivantes.	
☐	☐	Le tourisme en Suisse génère une entrée de capitaux importante dans la balance des transactions courantes. Toutefois, le solde du secteur touristique compris dans la balance des transactions courantes est relativement faible car les touristes dépensent peu d'argent en Suisse.	

4   Mondialisation

Qu'entend-on par «mondialisation»? Décrivez cette notion fondamentale dans le monde actuel. Quelles raisons pouvez-vous avancer pour expliquer la mondialisation économique croissante?

5 Mondialisation – Étude de cas: La Chine

Au cours des dernières années, la Chine s'est hissée au rang des grandes puissances économiques grâce à la mondialisation. Même en Suisse, les produits chinois sont omniprésents: t-shirts, calculettes, smartphones, jouets… De nombreuses marchandises sont importées depuis la Chine. Les consommateurs suisses profitent alors de prix plus attractifs et le boom des exportations permet à la Chine de connaître une croissance économique sans précédent.

Les deux articles suivants montrent toutefois que cette croissance présente également des inconvénients.

Lisez les deux articles de journaux suivants et répondez ensuite aux questions.

Sécurité des produits: augmentation du nombre de produits dangereux détectés dans l'Union européenne en 2012

BRUXELLES – Le nombre d'avertissements concernant des produits dangereux signalés par le système d'alerte rapide européen RAPEX a augmenté d'environ 25% en 2012. Plus de la moitié de ces produits dangereux proviennent de Chine.

Des jolis chevaux en plastique rose avec une crinière violette, des robes pour fillette ornées de longs rubans ou encore une bouilloire. Ces produits ont beau être totalement différents, ils ont un point commun: ils sont dangereux pour le consommateur.

Le cheval rose contient des substances nocives, les rubans de la robe présentent des risques de strangulation et la bouilloire commence à fondre sitôt qu'on l'allume.

La Chine, leader de ce triste marché

En nombres absolus, le nombre de produits nocifs pour la santé a augmenté entre 2011 et 2012, passant de 1556 à 2278. 58% de ces produits viennent de Chine.

Les cinq catégories de produits qui ont été signalées le plus fréquemment sont les vêtements, le textile et les articles de mode, à 34%, suivis par les jouets, à 19%, puis par les appareils électriques et leurs accessoires, à 11%, puis les véhicules à moteur, à 8%, et enfin les produits cosmétiques, à 4%.

Source: *Blick*, 16 mai 2013 (extraits)

Conditions de travail: les conditions de travail dans les usines d'Apple en Chine à nouveau sous le feu des critiques

PÉKIN – Après Foxconn, place à Pegatron: Apple est à nouveau discréditée par des militants dénonçant les conditions de travail scandaleuses dans les usines des sous-traitants de l'entreprise américaine en Chine et à Taïwan.

L'organisation China Labor Watch (CLW) accuse le sous-traitant taïwanais Pegatron de graves violations du droit du travail. Un rapport publié lundi à New York dénonce les heures supplémentaires excessives, les violations de contrat, les bas salaires, l'emploi de mineurs et des cas de maltraitance de la part de supérieurs hiérarchiques.

Encore pire que chez Foxconn

De mars à juillet, China Labor Watch a envoyé des agents infiltrés dans les trois usines. Environ 200 travailleurs ont été interviewés à l'extérieur des usines. «Notre enquête a montré que les conditions de travail dans les usines de Pegatron sont encore plus déplorables que dans celles de Foxconn», a déclaré Li Qiang, directeur de CLW. «Apple ne respecte pas ses propres normes.»

Selon CLW, la moyenne des heures de travail prestées dans les trois usines étudiées atteint 66 à 69 heures.

Pegatron et ses filiales Riteng et AVY fabriquent des iPhones, des composantes d'iPads ainsi que des ordinateurs Apple. Avec la signature de nouveaux contrats, le nombre d'employés travaillant chez Pegatron était passé de 50 000 à 70 000 au printemps. (ATS)

Source: *Blick*, 29 juillet 2013 (extraits)

a) Pourquoi les conditions de travail dans les usines des sous-traitants d'Apple font-elles toujours l'objet de critiques publiques ?

_____

_____

_____

b) Selon les organisations de défense des droits de l'Homme, les grandes entreprises telles qu'Apple, mais également les consommateurs qui achètent des produits de cette marque en Suisse sont co-responsables des conditions de travail dans les usines chinoises ou taïwanaises. Que pensez-vous de ces accusations ?

_____

_____

_____

_____

c) De quelle manière les problèmes en Chine ou à Taïwan pourraient-ils être résolus ?

_____

_____

_____

_____

6 Spécialisation et division internationale du travail

Définissez les notions suivantes :

1 Autarcie

_____

_____

2 Avantage comparatif

_____

_____

3 Coûts d'opportunité

_____

_____

4 Effets du commerce international sur le bien-être

_____

_____

5 Spécialisation

_____

_____

7 Effets du commerce sur le bien-être

Construisez un graphique prix-quantité pour le produit X et nommez tous les axes, courbes et points d'intersection des courbes. Le graphique doit montrer la relation suivante : le prix de marché international du produit X est plus bas que le prix d'équilibre qui aurait été atteint si cette économie était autosuffisante. Le pays est désormais engagé dans le commerce international.

a)   Dans le graphique, indiquez le surplus du consommateur (SC), le surplus du producteur (SP) ainsi que l'effet du libre-échange sur le bien-être.

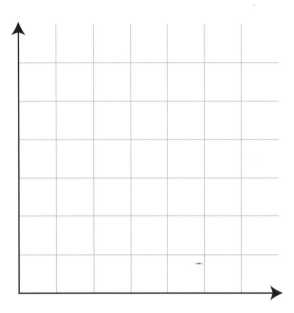

b)   Avec vos mots, décrivez le gain de bien-être dû à l'ouverture du marché. Dans quel domaine ces relations pourraient-elles s'appliquer à la Suisse ?

_____

_____

_____

_____

_____

_____

_____

_____

_____

_____

_____

8 Taux de change

a) Le graphique suivant présente le taux de change du dollar américain (USD) en franc suisse (CHF) sur la période allant du 5 janvier 1999 au 31 mars 2010.

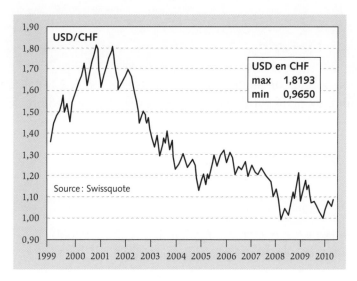

Le graphique montre qu'à partir de 2002 le taux de change a connu une baisse tendancielle. Cet événement correspond-il à une revalorisation ou à une dépréciation du franc suisse ?

_____

b) De 1999 à fin 2001, le cours du dollar est passé de 1,38 à 1,82. Que cela signifie-t-il concrètement ? Répondez en utilisant vos propres mots.

_____

_____

c) Le tableau ci-dessous présente le taux de change de l'Euro (EUR) en francs suisses (CHF). Analysez le graphique puis résolvez les exercices de la page suivante.

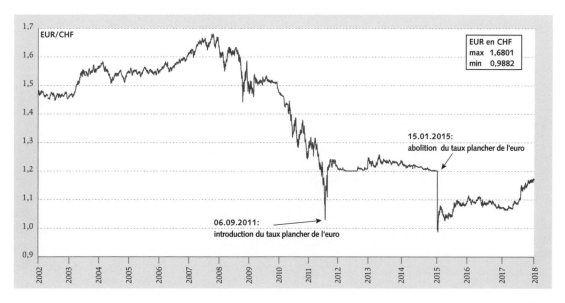

c1) Décrivez l'évolution du taux de change entre 2003 et 2007 et expliquez à l'aide de mots-clés les effets de cette évolution sur les exportations.

c2) Décrivez l'évolution du taux de change de l'euro entre 2008 et 2012. Pourquoi la BNS a-t-elle introduit un taux plancher de l'euro de 1,20 CHF le 6 septembre 2011 ?

c3) Le 15 janvier 2015, la BNS a décidé de manière inattendue d'abolir le taux plancher de l'euro. Décrivez les conséquences d'une telle décision.

d) Pourquoi une politique budgétaire expansionniste de la BNS entraîne-t-elle une dépréciation du franc suisse par rapport à l'euro ?

9 Protectionnisme

Expliquez en quoi il est difficile de lutter contre le protectionnisme.

10   Formes de libéralisation des échanges

a)   Définissez les sigles AELE, FIFA, AGCS et EEE. Vous pouvez trouver les réponses sur internet.

Notion	
AELE	
FIFA	
AGCS	
EEE	

b)   Cochez la forme correspondante de libéralisation des échanges.

	Multilatéral	Régional	Bilatéral
Organisation mondiale du commerce (OMC)	☐	☐	☐
Accord de libre-échange nord-américain (ALENA)	☐	☐	☐
Ensemble des traités entre l'UE et la Suisse	☐	☐	☐
AELE	☐	☐	☐
FIFA (il ne s'agit pas d'une entreprise commerciale, mais d'une organisation sportive internationale)	☐	☐	☐
AGCS	☐	☐	☐
EEE	☐	☐	☐

11   Intégration économique

Pour chaque pays mentionné ci-dessous, cochez la forme correspondante d'intégration politique en Europe.

	Zone de libre-échange	Union douanière	Marché unique	Union monétaire	Union économique totale
Liechtenstein	☐	☐	☐	☐	☐
Suède	☐	☐	☐	☐	☐
Suisse	☐	☐	☐	☐	☐
Irlande	☐	☐	☐	☐	☐
Norvège	☐	☐	☐	☐	☐

12   La politique économique extérieure de la Suisse

Citez trois effets positifs de la division internationale du travail sur le bien-être en prenant la Suisse comme exemple.

1.

2.

3.

13   La Suisse et l'intégration européenne

a)   Pourquoi la relation avec l'UE est-elle la question de politique extérieure la plus fondamentale pour la Suisse?

b)   Qu'entend-on par «voie bilatérale de la Suisse»?

c)   D'après vous, quels sont les deux principaux avantages et inconvénients économiques d'une éventuelle adhésion de la Suisse à l'UE?

Avantages (au choix)	Inconvénients (au choix)

14 L'effet de l'intégration d'un pays sur l'économie

« L'intégration économique (régionale) d'un pays mène à une création positive d'activité commerciale mais également à une réorientation des échanges, ce qui réduit leur efficacité. »

Expliquez cette phrase en détails.

15 Étude de cas: Crise des banques hypothécaires aux États-Unis

Le graphique de la page suivante présente les relations économiques globales. À partir d'août 2007, le monde a sombré dans une grande incertitude. Pour lutter contre l'inflation, la banque centrale américaine « Fed » avait augmenté les taux d'intérêt à plusieurs reprises. Les banques commerciales américaines ont suivi le mouvement, et les taux d'intérêt hypothécaires ont augmenté.

Il s'agit du point de départ du graphique. En raison de la hausse des taux d'intérêt, de plus en plus de propriétaires de biens immobiliers aux États-Unis n'étaient plus en mesure de payer les intérêts hypothécaires. Les banques ont réagi et se sont montrées plus prudentes dans l'octroi de crédits. Cette situation a doublement touché les fonds spéculatifs* : ils avaient repris en main les prêts hypothécaires américains des banques commerciales américaines et devaient payer des taux d'intérêt plus élevés sur leurs propres crédits.

* Fonds regroupant des investisseurs privés agissant sur les marchés de capitaux internationaux, se concentrant sur les rendements absolus et visant une croissance rapide des actifs (Source: Lexique bancaire UBS).

Commencez par les propriétaires de maisons aux États-Unis, qui ne peuvent plus payer leurs intérêts hypothécaires. Notez sur une feuille séparée la manière dont les différents acteurs économiques ont réagi à cette situation et déterminez quelles en sont les conséquences pour la conjoncture aux États-Unis et dans le reste du monde.

Le réseau présenté ci-dessous contient de nombreuses connexions décrites dans le livre. En cas de doute, notez vos questions concernant le réseau.

Les définitions suivantes (source : de.wikipedia.org) peuvent vous aider à mieux comprendre les liens du graphique :
– Un investisseur financier est une personne, une entreprise ou une institution financière qui achète des parts d'une entreprise dans le seul but d'augmenter son capital investi.
– Un pays émergent ne fait plus partie du groupe des pays en développement et est en passe de devenir un pays industrialisé. À ce stade, un pays émergent se caractérise par une transformation profonde de ses structures économiques. Le pays agricole devient un pays industrialisé. Parmi les pays émergents, on retrouve typiquement la Chine, l'Inde, le Brésil et le Mexique.

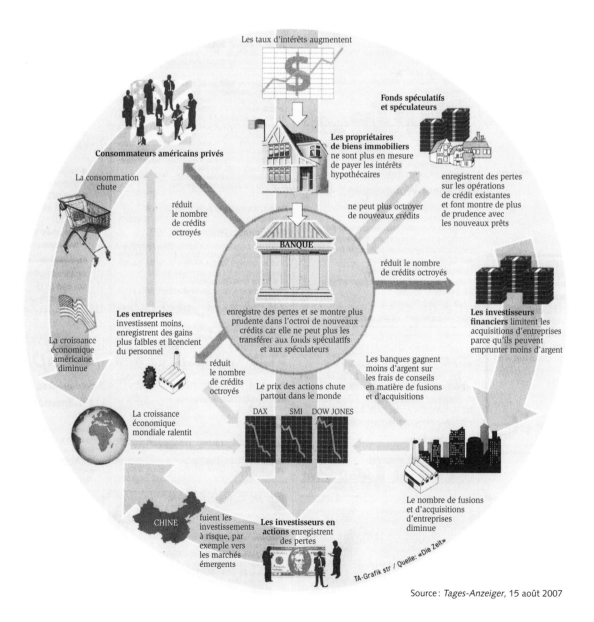

Source : *Tages-Anzeiger*, 15 août 2007

16   Étude de cas : Crise financière, dette publique et euro

De nombreux pays ont lutté contre la crise financière de 2008-2010 en lançant de vastes plans gouvernementaux de relance économique ainsi que des mesures visant à soutenir les banques menacées. Ces mesures ont engendré une forte augmentation de la dette de la plupart des pays industrialisés. Le 25 mars 2010, le *Tages-Anzeiger* a publié un dossier contenant les graphiques suivants :

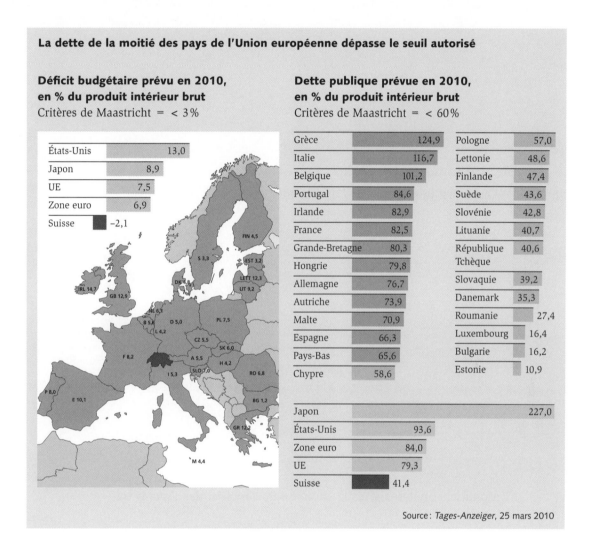

La dette de la moitié des pays de l'Union européenne dépasse le seuil autorisé

Déficit budgétaire prévu en 2010, en % du produit intérieur brut
Critères de Maastricht = < 3%

États-Unis	13,0
Japon	8,9
UE	7,5
Zone euro	6,9
Suisse	–2,1

Dette publique prévue en 2010, en % du produit intérieur brut
Critères de Maastricht = < 60%

Grèce	124,9	Pologne	57,0
Italie	116,7	Lettonie	48,6
Belgique	101,2	Finlande	47,4
Portugal	84,6	Suède	43,6
Irlande	82,9	Slovénie	42,8
France	82,5	Lituanie	40,7
Grande-Bretagne	80,3	République Tchèque	40,6
Hongrie	79,8		
Allemagne	76,7	Slovaquie	39,2
Autriche	73,9	Danemark	35,3
Malte	70,9	Roumanie	27,4
Espagne	66,3	Luxembourg	16,4
Pays-Bas	65,6	Bulgarie	16,2
Chypre	58,6	Estonie	10,9

Japon	227,0
États-Unis	93,6
Zone euro	84,0
UE	79,3
Suisse	41,4

Source : *Tages-Anzeiger*, 25 mars 2010

Les membres de l'Union européenne qui souhaitaient introduire l'euro devaient répondre à des critères de stabilité spécifiques :
→ La dette nouvelle annuelle (déficit budgétaire prévu) ne doit pas dépasser le seuil de 3 % du produit intérieur brut.
→ La totalité de la dette d'un pays (dette publique prévue) ne doit pas dépasser le seuil de 60 % du produit intérieur brut.

a) Expliquez à l'aide des chiffres correspondants la raison pour laquelle un sommet européen s'est tenu le 26 mars 2010 et pourquoi la Grèce était aux centre des discussions.

b) Quelle est la situation de l'endettement de la Suisse en 2010?

c) Comment analysez-vous la situation du Japon et des États-Unis?

d)   Vous trouverez ci-dessous deux autres articles tirés de la documentation du *Tages-Anzeiger* du 25 mars 2010.

Lisez ces deux articles avant de répondre aux questions.

Suisse

La faiblesse de l'euro menace la conjoncture suisse

Un taux de change de 1,40 franc « porte un coup dur à de nombreuses entreprises », d'après les avertissements de l'association de l'industrie Swissmem.

Par Robert Mayer

L'économie suisse sera-t-elle victime de son propre succès? Le pays est sorti de la dernière récession plus rapidement que ses voisins européens. Par ailleurs, sa croissance est plus rapide et surtout, le fardeau de sa dette nationale pèse beaucoup moins lourd. Tout cela fait de la Suisse une destination intéressante pour les investisseurs, malgré les faibles taux d'intérêt du marché des capitaux.

Toutefois, ceci n'explique pas totalement la pression à la hausse sur le franc. Le taux de change actuel par rapport à l'euro, qui est inférieur à 1,43 franc, reflète non seulement la force (relative) de l'économie suisse, mais aussi la pire crise que l'euro ait connue en onze ans d'existence. Et tant que les seize pays de la zone euro ne prendront pas une décision claire pour savoir si et à quelle hauteur ils aideront la Grèce, qui est en grande difficulté financière, en collaboration avec le Fonds monétaire international, la faiblesse de la monnaie commune persistera.

La Banque nationale atteint ses limites
Cette situation met la Banque nationale suisse face à une tâche quasi insurmontable. Depuis plus d'un an, sa politique est claire: contrecarrer toute revalorisation excessive du franc. Ainsi, les autorités monétaires cherchent à contenir le risque de voir notre économie plonger dans une spirale déflationniste de baisse des prix, de diminution de la demande et d'effondrement de la production. Depuis lors, la BNS a respecté ses engagements de diverses manières, en intervenant sur le marché des devises et en vendant des francs contre des euros.

Jusque décembre dernier, ces mesures ont permis à la Banque nationale de maintenir le taux de change au-dessus du seuil de 1,50 franc. Or depuis, ce taux a baissé continuellement et dans la nuit de mercredi à jeudi, il a atteint le seuil historiquement bas de 1,42323 franc. Plusieurs économistes s'attendent maintenant à une nouvelle baisse pouvant atteindre 1,40 franc, ne serait-ce que parce que le marché veut tester le nouveau seuil de tolérance de la Banque nationale.

Espagne

Doutes sur les marchés financiers

L'Espagne appelle à la solidarité avec la Grèce, appel derrière lequel se cachent des intérêts nationaux.

Par Martin Dahms, Madrid

Personne n'a pris au sérieux les prédictions de Miguel Boyer. Quelques temps avant la création de l'union monétaire, l'ancien ministre de l'économie espagnol avait prédit des conséquences extrêmement néfastes pour l'Espagne. Il déclara dans une interview accordée à un journal en 1996 que, face à l'abandon des taux de change flexibles, «nous perdrions la possibilité de corriger les erreurs en matière de prix et de salaires et nous en payerions les conséquences avec une augmentation du chômage».

Toutefois, la participation à l'union monétaire était une question d'honneur national. L'Espagne remplissait les critères de Maastricht et était présente depuis le début. Le pays en a d'ailleurs bien profité: les taux d'intérêt historiquement bas ont stimulé le secteur de la construction, l'économie globale a progressé jusqu'à ce que le revenu par habitant en Espagne dépasse celui de l'Italie. C'était le miracle espagnol. Puis, plus de dix ans plus tard, les prédictions de Boyer se révélèrent exactes: la bulle immobilière éclata et le taux de chômage explosa.

Cependant, personne en Espagne n'envisage sérieusement de renoncer à la monnaie unique. Pendant les années florissantes, l'Espagne a su gérer son budget, si bien que sa dette globale, avec 54,3%, reste bien en-deçà de celle de l'Allemagne, qui atteint 73,1%. Et c'est la raison pour laquelle, d'un point de vue espagnol, il n'est pas clair pourquoi les autorités fiscales espagnoles doivent offrir un taux d'intérêt pour les obligations souveraines nettement plus élevé que celui de l'Allemagne. Et voilà pourquoi l'Espagne appelle à la solidarité avec la Grèce au sommet de l'Union européenne: non pas parce qu'elle imite la négligence grecque, mais parce qu'elle a de mauvaises expériences avec les marchés financiers.

Source: *Tages-Anzeiger*, 25 mars 2010

d1) Quelle était la situation conjoncturelle de ces deux pays en mars 2010 ?

d2) Pourquoi le franc suisse a-t-il subi une pression à la hausse début 2010 ?
Quelles conséquences un franc suisse plus fort par rapport à l'euro pourrait-il avoir sur la conjoncture suisse ?

d3) Comment la Banque nationale suisse (BNS) a-t-elle tenté de limiter la pression à la hausse sur le franc suisse ?

d4) Pourquoi l'Espagne a-t-elle eu une mauvaise expérience avec les marchés financiers ?

17   Accords de libre-échange entre l'Australie et la Chine

Lisez l'article de journal suivant avant de répondre aux questions.

Un accord de libre-échange en ligne de mire pour l'Australie et la Chine

Les deux pays espèrent pouvoir engranger plusieurs milliards supplémentaires dans leur balance commerciale. Et Pékin souhaite laisser une impression durable en Occident.

Les négociations ont duré dix ans et lundi, ils y sont enfin parvenus. À Canberra, capitale australienne, le chef d'État chinois, Xi Jinping, et le premier ministre australien, Tony Abbott, ont signé un accord de libre-échange dont les prémices avaient été initiées par leurs prédécesseurs. L'intérêt quant à la conclusion de cet accord a augmenté au cours des dix dernières années. Entre-temps, la Chine est devenue la deuxième puissance économique mondiale et son besoin en matières premières a augmenté. Une grande partie de ces matières premières peut être fournie par l'Australie. En outre, l'appétit croissant des consommateurs chinois suscite l'intérêt des exportateurs australiens.

Les deux parties s'extasient donc devant les nombreux milliards de dollars américains qui viendront grossir leur balance commerciale commune. Pour les Chinois, cet accord leur apporte également une dose d'autopromotion après le sommet du G20 qui s'est tenu en Australie ce week-end. À Pékin, on espère pouvoir instaurer un libre-échange avec les Européens et les Américains. L'Union européenne et les États-Unis sont les plus importants partenaires commerciaux de la république populaire. Or, la méfiance des Occidentaux et le nationalisme de la Chine ont pavé la voie au protectionnisme au lieu de faire tomber les barrières.

C'est pourquoi Pékin essaie d'atteindre son objectif en signant de nombreux accords bilatéraux. Il y a tout juste une semaine, les Chinois ont annoncé l'aboutissement d'un accord avec la Corée du Sud. L'Empire du Milieu a déjà conclu un accord de libre-échange avec la Nouvelle-Zélande, le Chili, l'Argentine ou encore la Suisse. Or, il manque un point essentiel. Les accords bilatéraux ne permettent pas aux Chinois de fixer des normes industrielles et technologiques internationales et tournées vers l'avenir. Cela s'applique davantage aux négociations entre Américains et Européens sur leur accord de libre-échange TTIP ou aux efforts combinés des États-Unis et du Japon pour conclure l'accord transpacifique TTP. Tout ceci, sans la participation chinoise.

Des fermes aux mains des Chinois

L'accord signé avec l'Australie immédiatement après le sommet du G20 doit donner l'impression à l'Occident qu'un accord de libre-échange avec la Chine est avantageux pour sa propre économie. Selon Abbott, l'Australie sort grand vainqueur de ces négociations. Le premier ministre a déclaré qu'il s'agissait du «meilleur accord de tous les temps». Aujourd'hui déjà, la Chine est le partenaire commercial le plus important de l'Australie. Les transactions réalisées entre les deux pays l'année dernière se chiffrent à 130 milliards de dollars américains. L'agriculture australienne espère maintenant connaître un nouvel essor.

Les droits de douanes sur les produits laitiers, la viande de bœuf et le vin devraient être totalement supprimés au cours des années à venir. D'après les critiques, une grande partie des exploitations laitières australiennes sont de toute façon déjà aux mains des Chinois et aucun Australien n'y gagnerait de l'argent. Toutefois, le gouvernement estime que les emplois seraient assurés à long terme si les consommateurs chinois buvaient du vin et du lait en provenance d'Australie.

Il sera surtout plus simple à l'avenir pour les entreprises privées chinoises d'investir dans des secteurs sensibles tels que les matières premières, la télécommunication, les médias ou encore l'industrie de la défense en Australie. Jusqu'à présent, le capital chinois ne représente que 1,3% des investissements étrangers.

Source : *Tages-Anzeiger*, 18 novembre 2014

a)   Citez les avantages que le nouvel accord de libre-échange aura pour les deux pays.

b)   Expliquez la stratégie commerciale de la Chine. Pourquoi la conclusion de l'accord avec l'Australie n'est-elle qu'une étape de sa stratégie commerciale extérieure ?

_____

_____

_____

_____

_____

_____

_____

c)   Quelles sont les conséquences économiques concrètes de cet accord pour les deux pays ?

_____

_____

_____

_____

_____

_____

_____

_____

18   Abandon du taux plancher de l'euro par la BNS

Lisez l'interview légèrement tronquée de Aymo Brunetti menée par _NZZ_, parue le 21 janvier 2015. Celle-ci aborde les conséquences de l'abandon du taux plancher de l'euro par la BNS à partir du 15 janvier 2015. Après lecture de l'article, répondez aux questions.

Ce que le Conseil fédéral devrait et ne devrait pas faire à présent

Analyse du problème du franc par l'ancien chef économiste de la Confédération, Aymo Brunetti

Mercredi (21 janvier 2015), le Conseil fédéral discutera des conséquences de la décision de la Banque nationale ainsi que de la politique de croissance.

    Aymo Brunetti, ancien chef économiste de la Confédération, expose dans l'interview ce que la politique peut faire, mais également ce qu'elle ne devrait pas faire.

Que pensez-vous de la décision de la Banque nationale de laisser libre cours au taux de change ? _La décision est tombée. Cela ne sert plus à rien d'essayer de déterminer s'il s'agissait d'une bonne ou d'une mauvaise décision. On ne peut plus revenir en arrière. En outre, on ne peut pas encore évaluer les conséquences d'une telle mesure._

À quel point avez-vous été surpris ? _J'ai été très surpris, en particulier parce que le message de la Banque nationale avait été très_ *clair et parce qu'il n'y avait pas d'évolutions flagrantes qui laissaient présager une réévaluation de la situation.*

À quel seuil le cours de l'euro se stabilisera-t-il ?
Personne ne peut le prévoir. En termes de n'importe quel type de concept de pouvoir d'achat, le franc était déjà surévalué à 1,20 par rapport à l'euro. Or, les évolutions avant 2011 et actuelles montrent que le franc est fortement influencé par les flux de capitaux «spéculatifs» qui ont beaucoup moins à voir avec la situation économique réelle qu'avec la couverture des risques des marchés financiers. Cela a pour conséquence extrêmement désagréable la possibilité que sur le long terme, le taux de change soit totalement faussé par rapport aux développements économiques réels.

Traditionnellement, on supposait que, même si les prix peuvent s'écarter sensiblement de la parité du pouvoir d'achat pendant de nombreuses années, ils ont tout de même tendance à évoluer en direction de cette parité sur des périodes de cinq ans ou plus. Cela n'est-il plus vrai ?
La tendance est correcte pour un développement économique normal, pour une situation telle que celle qu'on a connue avant 2007. Or, depuis l'éclatement de la crise financière et de l'euro, nous sommes dans une situation complètement différente, avec une forte tendance des acteurs économiques, surtout ceux de la zone euro, à placer au moins une partie de leur capital en francs. La crise de l'euro est loin d'être résolue. Les évolutions récentes en Grèce montrent que la crise peut encore durer des années. Ainsi, pour les années à venir, le taux de change peut encore être déterminé principalement par la couverture des risques plutôt que par les développements économiques réels normaux tels que la parité du pouvoir d'achat et la productivité.

De telles distorsions sont-elles encore envisageables dans les cinq ou dix années à venir ?
Oui, tant qu'une solution durable n'aura pas été trouvée pour régler le problème de la zone euro.

À quelles conséquences à court et à moyen termes doit-on s'attendre pour l'économie suisse, si on suppose que l'euro se stabilise à plus ou moins un franc ?
La situation économique empirerait de manière drastique. Si l'euro tombait sous le seuil de parité et y restait, je ne serais pas surpris que nous connaissions une période de récession. Ce qui m'inquiète le plus, ce sont les conséquences structurelles. Si les taux de change sont faussés pendant plusieurs années, cela entraînerait un changement structurel qui, en raison de l'évolution normale de l'économie réelle, ne serait pas justifié. Cela pourrait mener à une externalisation bien plus importante de la création de valeur en dehors de la Suisse que ce qui serait justifiable.

À quel point ces événement affecteraient-ils l'emploi ?
Le marché du travail suisse est efficace. Tant qu'il reste flexible, je ne m'inquiète pas d'une hausse durable et massive du chômage. Mais cela forcerait certains secteurs à des ajustements considérables et rapides. Il faut s'attendre à un changement drastique de l'emploi qui sera également très désagréable pour les personnes concernées.

En conséquence, l'immigration diminuerait-elle fortement ?
En cas de dégradation de la situation économique, on peut effectivement s'attendre à une baisse de l'immigration. Est-ce une bonne chose ? C'est un autre débat. Au cours du dernier marasme économique, l'immigration a été un soutien important à l'économie, en particulier pour la consommation et le secteur de la construction.

Ce mercredi, le Conseil fédéral aborde le sujet de la force du franc. Que peut-on faire, politiquement ?
Il n'y a pas une seule mesure de politique économique qui ait, même approximativement, le même effet à court terme qu'une intervention de la Banque nationale sur le taux de change. Seule la Banque nationale peut agir face à des fluctuations extrêmes et ainsi rester active par la suite. La politique économique devrait se concentrer sur la politique de croissance à moyen et long terme, car finalement, cette hausse des coûts ne peut être compensée que par une amélioration de la productivité et de l'efficacité. En introduisant des mesures à court terme, on risque fortement de mener une politique du pansement qui demande de nombreux efforts, qui est inefficace et qui est encore plus susceptible d'aggraver la situation.

Les débats sur un éventuel programme de mesures conjoncturelles devraient également reprendre. Qu'en pensez-vous ?
Les mesures conjoncturelles n'ont de sens qu'en cas de grave récession. Nous en sommes encore loin. Il est par conséquent bien trop tôt pour avoir une discussion sur ce sujet. En outre, la situation internationale est différente de celle avant 2011. Les États-Unis ont réussi à inverser la tendance et le dollar est de nouveau plus attractif. Dans la zone euro, les premiers signes d'une amélioration économique se sont fait sentir. De plus, la baisse du prix du pétrole est une sorte de mesure de réduction des coûts dont les effets ne pourraient pas être obtenus par des mesures politiques à court terme.

Jusqu'à présent, vous avez parlé de ce que la politique ne devrait pas faire. Mais qu'est-elle censée faire ?
La politique de croissance s'apparente au forage lent et fastidieux de planches très épaisses. Il ne s'agit pas de sortir des mesures du tiroir qui auront des effets positifs dès l'année suivante. Mais en effet, le développement à

> *long terme dépend presque exclusivement de la politique de croissance – c'est-à-dire des conditions-cadres économiques – même si d'un point de vue politique, la politique conjoncturelle semble plus attrayante à court terme. Pour moi, la question principale de politique de croissance reste de savoir ce qu'il faut faire des accords bilatéraux entre la Suisse et l'Union européenne. La préservation des accords bilatéraux dans la mise en œuvre de l'initiative sur l'immigration devrait désormais être la vraie priorité. En plus des problèmes liés aux taux de change, une abolition des accords bilatéraux serait désastreuse. Il est également capital de préserver la flexibilité du marché du travail. Je pense aussi que la troisième réforme de l'imposition des entreprises est importante, car elle peut bénéficier directement aux entreprises. Dans ce domaine, je ne m'inquiéterais pas tellement si la réforme devait entraîner certains déficits fiscaux à court terme. La question de l'allègement administratif, mentionnée à plusieurs reprises, nécessite également une réponse. Cette dernière concerne un grand nombre de mesures. Parmi celles-ci, aucune n'aura de grands effets, mais il est primordial de rester actif dans ce domaine.*

Source : *Neue Zürcher Zeitung*, 21 janvier 2015

a) Quels facteurs ont eu une incidence sur le cours de l'euro au lendemain de la crise financière ?

b) Pourquoi ne peut-on plus s'attendre à une évolution normale du taux de change du franc suisse depuis 2008 ?

c)   Quelles seraient les conséquences pour l'économie suisse si le cours du franc suisse et de l'euro atteignaient la parité parfaite?

_____

_____

_____

_____

_____

_____

_____

d)   D'après Aymo Brunetti, quelles seraient les mesures économiques à mettre en œuvre dans ce contexte?

_____

_____

_____

_____

_____

_____

_____

e)   Comment l'économie suisse a-t-elle évolué depuis le 15 janvier 2015? Les prévisions d'Aymo Brunetti se sont-elles réalisées? D'après vous, quelles mesures économiques devraient être appliquées en Suisse?
        Discutez de vos réponses en classe.

_____

_____

_____

_____

_____

_____

19 Associations des définitions

Associez les termes listés ci-dessous à leur définition en notant le numéro correspondant.

Nombre	Définition
	Prix de la devise d'un pays, exprimée en une autre devise.
	Recueille les transactions courantes avec les pays étrangers dans le secteur du commerce, des services, des revenus du travail et du capital.
	Désir d'éliminer ou d'atténuer un manque ressenti.
	Organisation mondiale du commerce dont le siège est à Genève.
	Réaction d'une mesure économique à la variation d'une autre mesure.
	Cheminement d'un produit depuis la matière première jusqu'au consommateur. Chaque étape de la transformation est un maillon de la chaîne de production.
	Obtention d'avantages pour un groupe spécifique par le biais de réglementations gouvernementales.
	Impôt qui pénalise davantage les entités économiques les plus rentables.
	Monnaie en circulation + monnaie scripturale + épargne + dépôt à terme.
	Importation de biens et de services produits à l'étranger.
	Volatilité de l'économie sur une courte période.
	Barrière commerciales qui gênent le commerce international et qui ne sont pas des droits de douane.
	Augmentation sur le long terme du niveau général des prix.
	Avoirs qui peuvent être convertis en peu de temps en espèces par les clients des banques.
	Expansion de la masse monétaire par la BNS accompagnée d'une baisse des taux d'intérêt.
	Prévisions des recettes et des dépenses de la Confédération.

Termes :

1	Budget de la Confédération	10	Impôt direct
2	Obstacles non tarifaires aux échanges	11	Conjoncture
3	Inflation	12	Élasticité
4	OMC	13	Balance des transactions courantes
5	Dépôts à vue	14	Chaîne de valeur
6	Importations	15	Recherche de rente
7	Croissance	16	M3
8	Politique monétaire expansionniste	17	Impôt progressif
9	Besoin	18	Taux de change

B   Notions

Associez les notions suivantes à leur définition :

Lettre	Notion		
	Division du travail		Clause de la nation la plus favorisée
	Autarcie		Protectionnisme
	AELE		Spécialisation
	Mondialisation		Union douanière
	Création d'activité commerciale		Balance des paiements
	Balance des capitaux		Droits de douane
	Avantage comparatif		

A   Marché unique doté d'une monnaie unique et commune.

B   Coûts d'opportunité d'un agent économique inférieurs à ceux d'un autre agent pour la production d'un même bien.

C   Enregistrement de tous les flux monétaires internationaux d'un pays.

D   Mesure de politique commerciale visant à protéger le producteur national de la concurrence étrangère.

E   Focalisation sur un nombre relativement restreint d'étapes de production au sein de la chaîne de valeur.

F   Principe selon lequel la suppression d'une barrière commerciale vis-à-vis d'un État membre de l'OMC doit s'appliquer simultanément à tous les autres États membres de l'organisation.

G   Situation d'un pays qui ne prend part à aucun échange international et qui est autosuffisant.

H   Couvre les transactions de capitaux internationales par le biais d'investissements directs, d'investissements de portefeuille et d'autres prêts.

I   Interconnexion économique, sociale et politique croissante du monde.

J   Taxe perçue sur un bien ou un service importé.

K   Fractionnement du processus de production en plusieurs étapes, chacune étant exécutée par une personne ou une entreprise différente.

L   Augmentation du volume d'échanges de biens et de services par la biais de l'intégration économique.

M   Zone de libre-échange européenne.

C Approfondissement des connaissances

Accord de libre-échange entre la Suisse et la Chine (jeu de rôle)

Plus de deux ans de négociations ont été nécessaires pour que la Suisse et la Chine aboutissent à un accord de libre-échange en mai 2013. Cet accord a donné lieu à des débats politiques en Suisse. Les différentes prises de positions sont présentées dans les articles de presse ci-dessous.

Les dix questions les plus importantes concernant l'accord avec la Chine et leurs réponses

Le ministre chinois, Li Keqiang, se trouve actuellement à Berne où il assistera à trois conseils fédéraux. Au centres des discussions : l'accord de libre-échange. De quoi s'agit-il exactement ? Qui en bénéficiera ? Qui n'en bénéficiera pas ? Voici les réponses.

1. Qu'est-ce qu'un accord de libre-échange ?

Un accord de libre-échange permet à deux pays de s'entendre sur les secteurs pour lesquels ils ne prélèveront pas de droits de douane ou des droits de douane à des prix plus bas pour les importations en provenance du pays partenaire. Les accords sont basés sur la théorie économique du libre-échange : d'après cette théorie, deux pays connaissent un meilleur développement économique si les droits de douanes sont les plus faibles possibles et si chaque économie se concentre sur ses points forts. La Suisse est liée aux pays de l'Union européenne et à 35 autres pays par un accord de libre-échange. En revanche, le pays n'a pas d'accord avec les États-Unis. Des négociations étaient en cours mais ont échoué en 2006, en particulier à cause de l'opposition manifestée par les agriculteurs qui craignaient des importations à bas prix de produits agricoles.

2. Pourquoi la Suisse négocie-t-elle un tel accord avec la Chine, un pays communiste ?

À la fin des années 1970, la Chine a réformé son système d'économie planifiée et a commencé à introduire des zones économiques dites spéciales à caractère capitaliste. L'accroissement de ces zones dans tout le pays a permis à la Chine de rejoindre les États-Unis et le Japon en tête du classement des grandes puissances économiques et commerciales du monde. Cet essor a fait émerger une classe moyenne à fort pouvoir d'achat et a permis à des entrepreneurs astucieux de gagner plusieurs millions de dollars d'actifs. Par conséquent, l'Empire du Milieu, avec ses quelque 1,3 milliards de consommateurs potentiels, est devenu un partenaire commercial important pour la Suisse exportatrice. C'est ce que montrent également les chiffres provisoires de l'année 2012 : les exportations suisses vers la Chine ont rapporté 7,4 milliards de francs. La même année, la Confédération a importé des biens en provenance de la Chine d'une valeur totale de 10,2 milliards de francs.

3. Quand le contenu de l'accord sera-t-il rendu public ?

Mi-mai, le ministre de l'économie, Johann Schneider-Ammann, a déclaré que les deux pays s'étaient mis d'accord. On peut donc en déduire que les deux parties ne rendront pas immédiatement public le contenu de l'accord. Celui-ci, contenant de nombreuses pages, est actuellement en cours de formulation juridique et de traduction en chinois. Son contenu sera publié seulement après approbation de l'accord par les deux parties. Cela devrait prendre encore quelques semaines.

4. De quels avantages le conseiller fédéral Johann Schneider-Ammann espère-t-il bénéficier via la conclusion de cet accord ?

Le ministre de l'économie est convaincu que cet accord donnera une nouvelle impulsion aux exportations suisses, en particulier dans les secteurs horloger, pharmaceutique et mécanique. Schneider-Ammann espère que de nouveaux emplois verront le jour dans ces secteurs.

5. De quelle manière le secteur horloger bénéficiera-t-il de cet accord?

Derrière les États-Unis et Hong Kong, la Chine est le marché des ventes le plus important pour les exportations du secteur horloger suisse. En 2012, le secteur a exporté des marchandises d'une valeur totale de 1,6 milliards de francs en Chine. Une ombre vient cependant ternir ce tableau. En effet, l'Empire du Milieu prélève une taxe spéciale de 20% sur chaque produit de luxe importé sur son territoire. Grâce à l'accord de libre-échange, le secteur horloger espère une diminution, voire une suppression de la taxe de luxe. Le secteur peut également s'attendre à ce que l'accord prévoie une meilleure protection de la propriété intellectuelle. Actuellement, la qualité de plus en plus élevée des montres contrefaites en provenance de Chine donne beaucoup de fil à retordre au secteur horloger. Les contrefaçons entraînent une perte pour l'horlogerie estimée à 800 milliards de francs par an.

6. Que craignent les agriculteurs suisses?

En principe, l'Union suisse des paysans considère l'accord de libre-échange comme positif. Elle réserve cependant son jugement définitif jusqu'à ce que les détails de l'accord soient rendus publics. Par conséquent, la question de savoir si les produits agricoles en provenance de Chine vont mettre des bâtons dans les roues aux agriculteurs suisses reste incertaine. En tout cas, les importations de produits chinois étaient à un faible niveau en 2012. La plupart des importations en provenance de Chine concernaient les champignons et truffes séchés (dont la valeur totale atteignait presque 5 millions de francs), la purée de tomates (4,2 millions de francs) et les champignons en conserve (3,4 millions de francs). On considère généralement que la Chine occupe une place de choix sur le marché des fruits et des légumes en conserve. En revanche, on ne sait pas quels sont les produits au cœur des négociations entre la Suisse et la Chine. D'après les rumeurs, les pommes et la viande de poulet feraient partie des produits mentionnés.

7. Qu'espèrent obtenir les agriculteurs?

Les agriculteurs suisses espèrent se tailler une part de marché des ventes en Chine. Le segment premium en particulier, est susceptible de présenter un intérêt certain. L'objectif est de marquer des points avec la législation «Swissness». Le volume total des matières premières agricoles exportées vers la Chine ne devrait pas augmenter de manière significative. Il est cependant intéressant de constater qu'en 2012, un million de litres de lait ont été exportés vers la Chine. En 2012 également, le produit le plus exporté vers la Chine était la nourriture pour bébés, d'une valeur totale de 12,5 millions de francs. La Suisse est également un gros exportateur de yaourts. Or, en raison de la très grande distance géographique, le volume des exportations ne devrait grossir que lentement.

8. Que va rapporter cet accord aux consommateurs?

Il se pourrait que l'accord de libre-échange fasse baisser le prix de certains produits agricoles pour les consommateurs. On peut toutefois supposer que les importations chinoises ne feront pas de concurrence aux produits suisses en premier lieu mais qu'ils remplaceront les produits qui étaient importés jusqu'à présent, par exemple depuis l'Europe de l'Est. Les consommateurs suisses restent cependant très sceptiques quant aux produits chinois. En effet, ce n'est parfois pas vu d'un très bon œil, lorsque Migros ou Coop proposent de l'ail ou des haricots secs en provenance de Chine. En revanche, les droits d'importation suisses sur les produits industriels comme les appareils électroniques et les les jouets sont déjà si bas que les prix ne devraient pas baisser davantage.

9. Quels sont les points de discorde de cet accord?

Les organisations non gouvernementales telles que la Déclaration de Berne (DB) craignent que certains aspects de l'accord de libre-échange comme les droits humains, les droits du travail et les questions environnementales soient mis de côté. La DB demande à ce que «les droits humains et du travail soient stipulés dans le contrat et qu'un mécanisme de contrôle et de sanction en cas de violation soit établi. Dans le cas contraire, la Suisse court le risque de favoriser des produits qui auront été fabriqués dans le cadre de graves violations des droits humains.» Le conseiller fédéral Johann Schneider-Ammann a assuré qu'une mention pour le respect des droits humains est prévue dans le préambule de l'accord. En outre, un chapitre sera consacré à la protection de l'environnement et un accord parallèle est prévu pour le respect des droits du travail et les aspects sociaux.

10. Quelle est à la réaction de l'Union Européenne face au fait que la Suisse l'ait devancé dans la signature d'un accord de libre-échange avec la Chine?

L'Islande et la Suisse sont les deux seuls pays d'Europe à avoir signé un accord de libre-échange avec la Chine. Cette situation met l'Union européenne en tant que puissance économique sous pression. Selon un document interne dont dispose l'agence de presse Reuters, les diplomates de l'UE considèrent qu'un accord pourrait être conclu sous certaines conditions. Toutefois, les États membres sont en désaccords. La France et l'Italie s'opposent à la conclusion d'un accord de libre-échange. L'Allemagne préconise avant tout la mise en œuvre d'un accord de partenariat avec la Chine. Les entreprises allemandes, quant à elles, soutiennent l'idée d'un accord avec la Chine.

Source: *Tages-Anzeiger*, 24 mai 2013

Un succès difficilement imitable

L'accord de libre-échange avec la Chine, entré en vigueur le 1er juillet, met la Suisse dans une position que le monde occidental pourrait bien lui envier. Ni l'Union européenne, ni les États-Unis peuvent se targuer de bénéficier de tels privilèges dans leurs échanges avec la république populaire. L'accord permet non seulement de réduire les droits de douane (Switzerland Global Enterprise, S-GE, estime que d'ici 2028, 5,6 milliards de francs auront été économisés) mais aussi d'instaurer de nouvelles conditions commerciales. Il offre aux entreprises suisses opérant en Chine une plus grande sécurité juridique et permet ainsi un degré de planification plus élevé. En matière de protection de la propriété intellectuelle, une question particulièrement importante pour notre industrie pharmaceutique locale, l'accord de libre-échange contient des dispositions qui vont au-delà des directives de l'OMC, les fameux «accords sur les aspects des droits de propriété intellectuelle qui touchent au commerce» (TRIPS). En outre, les règles d'origine sont généreusement interprétées. Enfin, une clause évolutive a été intégrée à l'accord, qui permet d'apporter des améliorations sur des questions importantes.

L'accord de libre-échange peut sans doute être considéré comme une réussite. Toutefois, il y a peu de raison de se montrer trop enthousiaste. Il est inquiétant de constater, par exemple, que seulement 20% des exportations seront immédiatement exemptés du droit de douane. En revanche, des périodes transitoires de cinq, dix ou même douze ans s'appliquent aux marchandises importantes telles que les montres, les produits alimentaires, pharmaceutiques et chimiques. Certes, le marché chinois est immense et dynamique, mais il est clair que le pays n'est pas prêt à abandonner rapidement la protection de sa propre industrie.

Et puis, on constate amèrement que l'accord avec la Chine ne servira probablement pas de modèle pour les accords avec d'autres grands pays si le secteur agricole local continue de s'y opposer. Nous savons que les négociations avec Pékin ont failli échouer à cause de la question agricole. Pour obtenir le même succès avec les États-Unis ou le Brésil par exemple, ils sera nécessaire de faire bouger les lignes dans le secteur agricole suisse.

Source: *Neue Zürcher Zeitung*, 1er juillet 2014

La Chine et la Suisse signent l'accord de libre-échange.

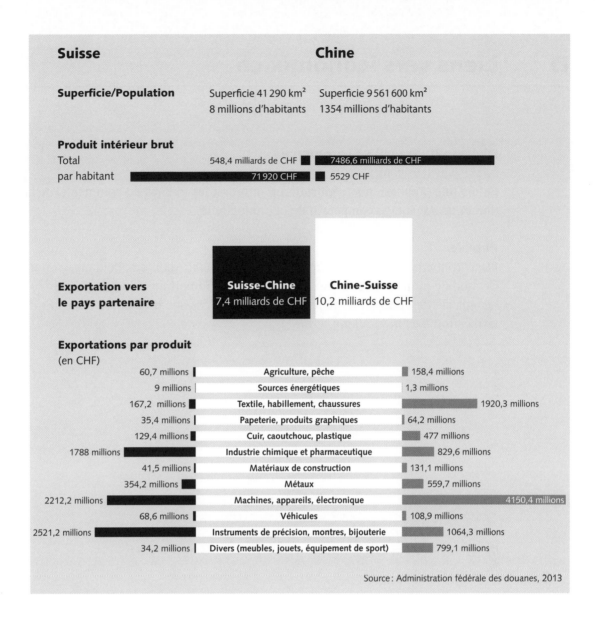

| Suisse | | Chine |

Superficie/Population   Superficie 41 290 km²   Superficie 9 561 600 km²
8 millions d'habitants   1354 millions d'habitants

Produit intérieur brut
Total   548,4 milliards de CHF   7486,6 milliards de CHF
par habitant   71 920 CHF   5529 CHF

Exportation vers le pays partenaire
Suisse-Chine 7,4 milliards de CHF   Chine-Suisse 10,2 milliards de CHF

Exportations par produit (en CHF)

Suisse	Produit	Chine
60,7 millions	Agriculture, pêche	158,4 millions
9 millions	Sources énergétiques	1,3 millions
167,2 millions	Textile, habillement, chaussures	1920,3 millions
35,4 millions	Papeterie, produits graphiques	64,2 millions
129,4 millions	Cuir, caoutchouc, plastique	477 millions
1788 millions	Industrie chimique et pharmaceutique	829,6 millions
41,5 millions	Matériaux de construction	131,1 millions
354,2 millions	Métaux	559,7 millions
2212,2 millions	Machines, appareils, électronique	4150,4 millions
68,6 millions	Véhicules	108,9 millions
2521,2 millions	Instruments de précision, montres, bijouterie	1064,3 millions
34,2 millions	Divers (meubles, jouets, équipement de sport)	799,1 millions

Source : Administration fédérale des douanes, 2013

Exercice (jeu de rôle et débat):

1. Le jeu de rôle consiste en une discussion avec différents groupes d'intérêt, au sein du Conseil fédéral. Les rôles suivants sont attribués distribués au sein de la classe :
   - Conseil fédéral
   - Entreprise exportatrice suisse
   - Union suisse des paysans
   - Consommateurs
   - Organisations non gouvernementales

2. Chaque rôle est attribué à un groupe de travail. Tentez de trouver sur internet quelle est la position de votre rôle dans l'accord de libre-échange avec la Chine. Documentez votre recherche. Élisez un représentant de votre groupe qui prendra part au débat.

3. Le jeu de rôle sera mené sous la direction du Conseil fédéral. Thème : «Êtes-vous pour ou contre l'accord de libre-échange avec la Chine négocié par le Conseil fédéral?» Chaque groupe présente d'abord sa position concernant l'accord de libre-échange entre la Suisse et la Chine. Puis, le débat peut avoir lieu. Enfin, organisez un vote non contraignant (pour ou contre) sur l'accord de libre-échange.

D   Liens vers iconomix.ch

Division du travail et commerce

https://www.iconomix.ch/fr/materiel/m02/

Ce module propose un jeu éducatif qui introduit les thèmes du commerce, de la spécialisation et de l'avantage comparatif de la productivité.

Pétrole

www.iconomix.ch/de/unterrichtsmaterial/a016/1608/ (lien en allemand, non traduit)

Ce module propose une étude de cas illustrant l'importance du prix de pétrole en tant que facteur clé de l'économie mondiale. L'étude de cas se concentre ici sur la question de la tarification à court et à long terme.

Exercices généraux

1   Questions à choix multiple

a)   Qu'entraîne généralement une sous-utilisation de la production potentielle ?
☐ Une inflation
☐ Une augmentation de la consommation intérieure
☐ Du chômage
☐ Une augmentation des taux d'intérêt réels

b)   Parmi les affirmations concernant les prix mentionnées ci-dessous, laquelle est correcte ?
☐ Quand l'État diminue le prix du marché, la quantité offerte augmente.
☐ Les prix plafond n'affectent le prix du marché que s'ils sont supérieurs au prix du marché.
☐ Quand le prix baisse, la courbe de l'offre se déplace vers la droite.
☐ Les prix minimaux entraînent une offre excédentaire lorsqu'ils sont supérieurs au prix du marché.

c)   Parmi les affirmations concernant la politique budgétaire de la BNS, laquelle est correcte ?
☐ Dans le cadre de sa politique budgétaire expansionniste, la Banque nationale augmente la masse monétaire et le taux d'intérêt directeur.
☐ Une politique budgétaire restrictive se traduit par une diminution de la masse monétaire et une lutte active contre l'inflation.
☐ Dans le cadre de sa politique budgétaire restrictive, la Banque nationale diminue la masse monétaire afin d'augmenter la demande globale.
☐ La Banque nationale contrôle la masse monétaire en accordant plus ou moins de crédits aux entreprises et aux particuliers, en fonction de l'objectif de la politique budgétaire.

d)   Pour quel bien mentionné ci-dessous l'élasticité de la demande à la variation des prix est-elle la plus élevée ?
☐ Essence
☐ Baskets
☐ Cigarettes
☐ Lait

e)   Parmi les instruments suivants, lequel est le mieux adapté pour encourager les changements structurels ?
☐ Quotas sur les importations
☐ Prix minimaux
☐ Politique de formation et de recherche
☐ Des revenus garantis pour le secteur agricole

f)   Selon l'optique des dépenses, quelle mesure est comprise dans le produit intérieur brut ?
☐ La consommation du secteur privé et public
☐ Les amortissements
☐ La création de valeur des producteurs nationaux
☐ Les subventions

g)   Les dividendes d'une action allemande sont transférés sur le compte d'un client de la banque. Par où passe cette transaction ?
☐ Balance des capitaux
☐ Investissements de portefeuille
☐ Transactions courantes
☐ Balance des transactions courantes

h) Parmi les affirmations suivantes concernant les finances publiques et les assurances sociales suisses, cochez celles qui sont correctes?

☐ Le frein à l'endettement permet d'assurer l'équilibre du budget fédéral chaque année.

☐ Le frein à l'endettement oblige le gouvernement fédéral à maintenir l'équilibre du budget sur tout un cycle conjoncturel.

☐ La démographie a une forte influence sur les assurances sociales suisses et dépend du niveau d'inflation prévu pour les années à venir.

☐ L'AVS finance ses prestations par le système de capitalisation, par conséquent, elle est mieux armée pour affronter l'avenir que le deuxième pilier.

i) Parmi les aspects suivants, lequel n'est pas une condition préalable à la concurrence parfaite?

☐ Des acteurs du marché parfaitement informés

☐ Biens interchangeables d'une valeur équivalente

☐ Faible renchérissement

☐ Nombre élevé de demandeurs et d'offreurs

j) Parmi les affirmations suivantes, cochez celle qui est erronée.

☐ L'utilité est une unité de mesure du manque ressenti par un acteur économique.

☐ La loi de la demande suppose que la quantité demandée augmente lorsque le prix diminue.

☐ Les coûts d'opportunité indiquent les coûts que des actions alternatives auraient pu entraîner.

☐ La prospérité indique le niveau de vie matériel au sein d'une économie.

2 Marchés et prix

a) Le graphique présenté ci-dessous montre le marché d'abricots suisses en 2018. Nommez les deux axes ainsi que les deux droites et indiquez le prix de marché ainsi que la quantité de marché.

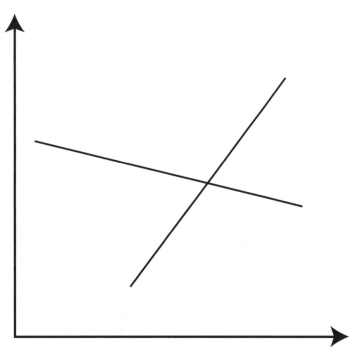

b1) Au printemps 2019, une grosse tempête de grêle a détruit un tiers de la récolte d'abricots suisses. Tracez les conséquences de la tempête dans le graphique.

b2) Décrivez les conséquences de la tempête de grêle sur le marché des abricots au printemps 2019.

b3) Expliquez l'oscillation de l'élasticité de la demande et de l'offre à la variation des prix sur le marché d'abricots et ses conséquences après la tempête de grêle.

3 Vrai ou faux?

Les affirmations suivantes sont-elles vraies ou fausses? Corrigez celles qui sont erronées.

Vrai	Faux	Affirmations	Correction
☐	☐	Les signaux-prix informent sur la rareté d'un bien et indiquent où les innovations sont rentables et où elles ne le sont pas.	
☐	☐	Les réglementations gouvernementales étendent le champ d'action des acteurs économiques.	
☐	☐	La courbe de Lorenz indique la répartition des revenus au sein d'une économie: plus la courbe est proche de la bissectrice, plus la répartition des revenus est inégale.	

Vrai	Faux	Affirmations	Correction
☐	☐	Sans droits de propriété garantis, l'économie de marché ne peut pas fonctionner correctement, car le secteur privé n'investirait que très peu.	
☐		Les monopoles naturels existent en raison des coûts fixes élevés et constituent une incitation pour les concurrents potentiels.	

4 Balance des paiements

Les transactions suivantes ont-elles une incidence sur la balance des transactions courantes ou sur le compte financier? Et si oui, s'agit-il d'un flux entrant ou sortant?

Transaction	Balance des transactions courantes	Compte financier	Flux entrant	Flux sortant
Le travailleur turc M.Y, dont le domicile se trouve en Suisse, transfère de l'argent à sa famille en Turquie.	☐	☐	☐	☐
Novartis acquiert une filiale américaine.	☐	☐	☐	☐
Vous partez en vacances en Californie.	☐	☐	☐	☐
La filiale américaine transfère les dividendes à Novartis.	☐	☐	☐	☐
Le travailleur turc M.Y., qui vit à Delémont, reçoit son salaire sur son compte à la Banque cantonale du Jura.	☐	☐	☐	☐
M.Y. se rend à Besançon samedi et achète des biens pour 185,15 euros.	☐	☐	☐	☐

5 Vrai ou faux?

Répondez vrai ou faux pour chacune des affirmations mentionnées ci-dessous. Barrez les erreurs et corrigez-les.

Vrai	Faux	Affirmation	Correction
☐	☐	Une défaillance du marché survient lorsque les prix n'indiquent pas la rareté réelle des biens et des services.	
☐	☐	Les externalités sont des coûts engendrés par le comportement de l'État que l'État, en tant que pollueur, ne doit pas payer.	
☐	☐	Etant donné que personne ne peut être exclu d'un bien public, son prix reflète sa rareté réelle.	
☐	☐	La réalisation des cinq objectifs centraux de la politique économique – prospérité élevée, prix stables, faible taux de chômage, marchés financiers stables et financement public durable – engendrent souvent des conflits d'intérêts sur le long terme.	
☐	☐	L'Autorité de la Concurrence veille à ce que les entreprises s'entendent sur les prix et les volumes de production afin que chacune d'entre elles puisse réaliser le plus grand profit possible sur le marché.	
☐	☐	Elsa Meier transfère 5000 CHF de son compte courant sur son compte d'épargne-placement auprès de sa banque. Cette procédure n'a aucun effet sur les différentes masses monétaires car il s'agit d'un transfert au sein de la même banque.	

6 Vrai ou faux?

Répondez par vrai ou faux pour chacune des affirmations mentionnées ci-dessous et corrigez celles qui sont erronées.

Vrai	Faux	Affirmation	Correction
☐	☐	L'État corrige une défaillance du marché par l'internalisation des coûts externes.	
☐	☐	Si les biens publics n'étaient pas fournis par l'État, il y aurait une offre insuffisante.	
☐	☐	En période de haute conjoncture, le chômage structurel disparaît, tandis que le chômage frictionnel (= chômage naturel) reste inchangé.	
☐	☐	L'émission de monnaie et la création monétaire par l'octroi de crédits sont effectuées exclusivement par la banque centrale.	
☐	☐	La Banque nationale suisse ne peut intervenir que de manière indirecte sur le Libor à trois mois.	
☐	☐	La mondialisation fait augmenter le risque de chômage conjoncturel.	
☐	☐	Dans une économie planifiée, l'État coordonne la production de biens et de services et assure le libre accès au marché.	

Vrai	Faux	Affirmation	Correction
☐	☐	Même avec un excédent d'exportation dans la balance commerciale, la balance des paiements affiche un solde nul.	
☐	☐	On parle de développement économique durable lorsque la capacité de production est toujours pleinement exploitée, même sur le long terme.	

7 Conjoncture et politique conjoncturelle

Lisez l'article de presse (fictif) suivant puis répondez aux questions.

De sombres perspectives pour l'économie

Une forte consommation des ménages et des interventions ciblées sont censées éloigner la menace d'une récession de l'économie suisse.

La crise qui frappe l'économie mondiale n'a pas épargné la Suisse. Les spécialistes prévoient une période difficile pour l'année à venir, en particulier pour le secteur des exportations qui vivra des moments compliqués. L'organisation patronale Économiesuisse prédit une croissance réelle nulle. Les prix à la baisse du pétrole, qui allègent la pression sur le portefeuille des consommateurs empêchent momentanément la situation d'empirer. En outre, les interventions de politique monétaire que la BNS a déployées ces dernières semaines ont montré des signes encourageants.

a) Pour quelle variable macroéconomique la croissance zéro est-elle prévue ?

b) Quel type d'intervention est abordé dans l'article ?
☐ Une politique budgétaire restrictive
☐ Une politique budgétaire expansionniste
☐ Aucune des deux

c) Parmi les prévisions suivantes, laquelle pourrait être faite sur la base de l'article pour l'année à venir? Cochez la réponse appropriée.

☐ En raison de la menace de récession, il existe un risque considérable d'inflation pour l'année à venir.

☐ Le taux de croissance de la production potentielle sera négatif.

☐ La hausse des taux d'intérêts entraîne une nouvelle hausse du nombre d'achats de maisons particulières.

☐ Le taux d'inflation ne sera pas le principal problème de l'économie suisse au cours de l'année à venir.

d) Supposons que le franc suisse subisse une revalorisation massive malgré les interventions de la BNS.

d1) Quelles sont les implications pour l'industrie horlogère suisse? Justifiez votre réponse.

d2) D'après vous, quelle sera l'évolution du prix des matières premières en Suisse? Justifiez votre réponse.

8   Étude d'un pays émergent: le Brésil

Après la crise financière, les pays émergents ont largement contribué à la relance de la conjoncture mondiale. Toutefois, la forte croissance dans ces pays a été considérablement ralentie depuis l'automne 2013, tant et si bien que certains pays émergents, tels que le Brésil, menaçaient de sombrer dans une période de récession en 2015.

La Banque centrale du Brésil augmente ses taux directeurs

SÃO PAULO – Les banques centrales du monde entier s'inquiètent de la déflation qui sévit actuellement. Seule la situation au Brésil est différente: la Banque centrale a augmenté le taux directeur de 0,5 %, soit à 12,25 %, par crainte d'une exacerbation de la dévaluation monétaire. Après trois années de faible croissance, le taux de renchérissement a dépassé le seuil limite de 6,5 % fixé par la Banque centrale. Malgré le fait que le taux directeur ait actuellement atteint le niveau le plus élevé du monde, la plupart des banques d'investissement prévoient une hausse de l'inflation annuelle qui atteindrait 6,7 %.

L'augmentation des taux d'intérêt est fatale à la conjoncture brésilienne. Les perspectives de croissance se sont nettement assombries ces der-

nières semaines. D'après le FMI (Fonds monétaire international), la croissance du Brésil n'atteindra que 0,3 % cette année, au lieu des 1,4 % prévus. Le FMI a également revu à la baisse les prévisions de croissance pour l'année prochaine en ramenant les 2,2 % prévus à 1,5 %. D'après la Banque centrale du Brésil, la croissance du pays au cours de l'année écoulée a stagné à 0,1 %. Or, le pays risque de plus en plus de s'enfoncer dans une récession encore plus profonde cette année.

Des rationnements massifs en eau et en électricité menacent le Brésil. On s'attend à ce que les prix de l'électricité augmentent de 40 % cette année, ce qui attiserait davantage l'inflation. En outre, le scandale de corruption qui éclabousse l'entreprise énergétique d'État Petrobras nuit à l'économie. Le groupe pétrolier est responsable d'environ 10% de la base industrielle du Brésil. L'affaire de corruption fait également pression sur les entreprises de construction brésiliennes qui ont reçu des commandes de Petrobras en échange de pots-de-vin. Le gouvernement ne peut même plus espérer une augmentation des recettes d'exportation. La demande en matières premières provenant du Brésil reste modérée. Les prix de la plupart des matières premières des secteurs agricole et industriel continuent de baisser. La demande en soja, café, sucre et minerai de fer reste faible. La situation n'est pas près de changer en raison de la stagnation de la demande provenant de Chine.

Parallèlement, le gouvernement a modifié sa politique fiscale. En effet, après quatre ans d'aug-mentation continue des dépenses publiques, le nouveau ministre des finances brésilien, Joaquim Levy, a tiré le frein à main. Le ministre, nommé au début de l'année, a annoncé lundi que les augmentations d'impôts devraient faire rentrer 6,5 milliards de francs dans les caisses de l'État. Levy explique que cette mesure a été introduite pour restaurer la confiance des investisseurs dans le Brésil. Avec ce paquet fiscal et les autres réductions précédemment annoncées, le ministre veut réduire le budget de l'État d'environ 1% du produit intérieur brut (PIB). Par décret, Levy a déjà retardé le paiement des subventions au système éducatif au cours des dernières semaines. L'objectif est d'atteindre un excédent budgétaire primaire de 1,2% du PIB.

Neue Zürcher Zeitung, 23 janvier 2015

a) Pourquoi la Banque centrale brésilienne a-t-elle augmenté ses taux directeurs début 2015?

b) Quelles sont les conséquences de cette augmentation des taux directeurs pour la conjoncture brésilienne?

c) Quels sont les autres problèmes qui pèsent sur la conjoncture brésilienne? Comment le gouvernement a-t-il réagi?

d) Quelle est la situation conjoncturelle actuelle du Brésil? Quel est le taux directeur actuel? Cherchez la réponse sur internet et notez les résultats de vos recherches.

9   Politique monétaire

Lisez l'article de presse ci-dessous :

La BNS diminue les taux directeurs

La Banque nationale suisse (BNS) a annoncé hier la décision de diminuer ses taux directeurs de 0,25 points de pourcentage. Le Libor à trois mois cible se situe maintenant dans une fourchette comprise entre 0,25 à 0,75 points de pourcentage. La raison invoquée pour expliquer cette évolution des taux d'intérêt est «la faiblesse de la conjoncture suisse» et «la nouvelle hausse attendue du chômage».

a) Quels sont les effets de la réduction des taux directeurs sur les variables suivantes ? Pour chaque cas, justifiez votre réponse.

Variables	Effets attendus
Volume des investissements	
Comportement des consommateurs	
Valeur du franc suisse à l'étranger	
Exportations	

b) Si la BNS prend la mesure décrite dans l'article, dans quelle phase conjoncturelle l'économie suisse se trouve-t-elle probablement ?

10   Vrai ou faux?

Répondez par vrai ou faux pour chacune des affirmations mentionnées ci-dessous et corrigez celles qui sont erronées.

Vrai	Faux	Affirmation	Correction
☐	☐	La prévoyance vieillesse suisse repose sur deux piliers: la prévoyance professionnelle obligatoire pour les travailleurs (caisse de retraite) et la prévoyance individuelle.	
☐	☐	Si vous retirez de l'argent liquide au distributeur de billet, la masse monétaire de billets de banque reste inchangée.	
☐	☐	La déflation et l'inflation sont dangereuses car elles sont difficiles à combattre.	
☐	☐	L'endettement public présente également des inconvénients. En effet, il facilite les investissements publics ainsi qu'une stabilisation macroéconomique.	
☐	☐	Dans le cas des coûts externes, le pollueur ne prend pas en charge la totalité des coûts et les coûts privés ne correspondent pas aux coûts sociaux.	
☐	☐	Un déficit budgétaire entraîne un endettement public car les recettes publiques ne couvrent pas les dépenses publiques.	

Vrai	Faux	Affirmation	Correction
☐	☐	La grande majorité de la population des pays en développement peut à peine satisfaire plus que ses besoins physiologiques.	
☐	☐	Lorsque les acteurs du marché s'entendent et restreignent la concurrence, des obstacles naturels à l'entrée du marché apparaissent.	

Crédits des illustrations

P. 30 : Thinkstock/Fuse
P. 33, gauche : © Fotalia/Andrey Arkusha
P. 33, droite : Picture Alliance
P. 82 : Wikimedia Commons/Antônio Milena/Agência Brasil
P. 87 : Thinkstock/sanjagrujic
P. 107 : Thinkstock/ShotShare
P. 129 : Thinkstock/ferrerivideo
P. 141 : Thinkstock/Zoran Zivkovic
P. 200 : Keystone/XINHUA/Xing Guangli

L'outil pédagogique sur lequel repose ce cahier

Aymo Brunetti

Sciences économiques
Secondaire II et formation continue

A4, broché, couleur

Le livre de solutions de ce cahier d'exercices

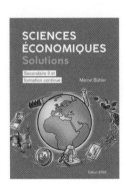

Marcel Bühler

Sciences économiques
Solutions
Secondaire II et formation continue

A4, broché, noir et blanc